鄭石岩作品集

大眾心理館

禪學與生活

9

國家圖書館出版品預行編目（CIP）資料

悟・看出希望來：懷抱希望，活得喜悅／鄭石岩著 . -- 四版 . -- 臺北市：遠流 , 2012.03
面； 公分 . --（大眾心理館）（鄭石岩作品集 . 禪學與生活；9）

ISBN 978-957-32-6944-1（平裝）

1. 應用心理學 2. 禪宗 3. 修身

177 101001939

大眾心理館
鄭石岩作品集・禪學與生活 9

悟・看出希望來

懷抱希望，活得喜悅

作者：鄭石岩
執行主編：林淑慎
特約編輯：趙曼如
美術設計：雅堂設計工作室
發行人：王榮文
出版發行：遠流出版事業股份有限公司
100 台北市南昌路二段 81 號 6 樓
郵撥：0189456-1 電話：2392-6899 傳真：2392-6658
法律顧問：董安丹律師
著作權顧問：蕭雄淋律師
□ 2012 年 3 月 1 日 四版一刷
行政院新聞局局版台業字第 1295 號
售價新台幣 240 元（缺頁或破損的書，請寄回更換）

ISBN 978-957-32-6944-1

遠流博識網
http://www.ylib.com
E-mail: ylib@ylib.com

大眾心理館・鄭石岩作品集・禪學與生活 9

鄭石岩 著

悟・看出希望來

懷抱希望，活得喜悅

總序

我的創作歷程

鄭石岩

寫作是我生涯中的一個枝椏，隨緣長出的根芽，卻開出許多花朵，結成一串累累的果子。

我寫作的著眼點，是想透過理論與實務的結合，來闡釋現代人生活適應之道，提倡正確的教育觀念和方法，幫助每個人心智成長。透過東西文化的融合，尋找美好人生的線索。我細心的觀察、體驗和研究，繼而流露於筆端，寫出這些作品。書中有隨緣觀察的心得，有實務經驗的發現，有理論的引用，也有對現實生活的回應。在忙碌的工作和生活中，我採取細水長流，每天做一點，積少成多。

從第一本作品出版到現在，已經寫了四十幾本書。這些書都與禪佛學、教育、親職、心靈、諮商與輔導有關。寫作題材從艱深的禪學、唯識及心靈課題，到日常生活的調適和心智成長，都保持深入淺出、人人能懂的風格。艱澀冗長的理論不易被理解，特化作活潑實用的知識，使讀者在閱讀時，容易共鳴、領會、受用。因此，這些書都有不錯的評價和讀者的喜愛。

每當演講或學術討論會後，或在機場、車站等公共場所時，總是有讀者朋友向我招呼，表達受惠於這些著作。他們告訴我「你的書陪伴我度過人生最困難的歲月」，或說「我是讀你的書長大茁壯的」。身為一個作者，最大的感動和安慰，就在這些真誠的回應上：歡喜看到這些書在國內外及中國大陸，對現代人心靈生活的提升，發揮了影響力。

多年來持續寫作的心願，是為研究、發現及傳遞現代人生活與工作適應的知識和智慧。所以當遠流規劃在【大眾心理館】裡開闢【鄭石岩作品集】，期望能更有效服務讀者的需要，並囑我寫序時，心中真有無比的喜悅。

我在三十九歲之前，從來沒有想過要筆耕寫作。除了學術論文發表之外，沒想過要從事創作。一九八三年的一場登山意外，不慎跌落山谷，脊椎嚴重受創，下半身麻痺，面臨殘障不良於行的危機。那時病假治傷，不能上班，不多久，情緒掉到谷底，憂鬱沮喪化作滿面愁容。

秀真一直非常耐心地陪伴我，聽我傾訴憂慮和不安。有一天傍晚，她以佛門同修的立場警惕我說：「先生！你學的是心理諮商，從小就修持佛法；你懂得如何助人，也常常在各地演講。現在自己碰到難題，卻用不出來。看來你能講給別人聽，自己卻不受用。」

我聽完她的警語，心中有些慚愧，也有些省悟。我默然沉思良久。我知道必須接納現實，去面對眼前的困境。當晚九時許，我對秀真說：「我已了然於心，即使未來不良於行，也要坐在輪椅上，繼續我的教育和弘化工作，活得開心、活得有意義才行。」

她好奇的問道：「那就太好了！你準備怎麼做呢？」

我堅定的回答：「我決心寫作，就從現在開始。請你為我取參閱的書籍，準備需要的紙筆，以及一塊家裡現成的棋盤作墊板。」

當天短短的對話，卻從無助絕望的困境，看到新的意義和希望。我期許自己，把東方的禪佛學和西方的心理學結合起來，變成生活的智慧；鼓勵自己，把學過的理論和累積的實務經驗融合在一起，成為活潑實用的生活新知，分享給廣大的讀者。

邊研究邊寫作，邊修持邊療傷，健康慢慢有了轉機，能回復上班工作。歷經兩年的煎熬，傷勢大部分康復，寫作卻成為業餘的愛好。從一九八五年出版第一本書開始，所有著作都經秀真校對，並給予許多建議和指教。有她的支持，一起分享作品的內容，而使寫作變得更有趣。

住院治療期間，老友王榮文先生，遠流出版公司的董事長，到醫院探視。我送給他一本佛學的演講稿，本意是希望他也能學佛，沒想到過了幾天，他卻到醫院告訴我：「我要出版這本書。」

我驚訝地說：「那是佛學講義，你把講義當書來出，屆時賣不出去，你會虧本的。這樣我心不安，不行的。」

他說：「那麼就請你把它寫成大家喜歡讀的書，反正我要出版。」

就這樣允諾稿約，經過修改增補，《清心與自在》於焉出版，而且很快暢銷起來。因為那是第一本融合佛學與心理學的創作，受到好評殊多。爾後的每一本書，都針對一個現實的主題，扎根在心理、佛學和教育的學術領域，活化應用於現實生活。

禪佛學自一九八五年開始，在學術界和企業界，逐漸蔚成風氣，形成管理心理學的一部分，企業界更提倡禪式管理、禪的個人修持，都與這一系列的書籍出版有關。

後來我將關注焦點轉移到教育和親職，相關作品提醒為師為親者應注意到心理健康、學生輔導、情緒教育等，對教育界也產生廣泛的影響。教師的愛被視為是一種能力，親職技巧受到更多重視，我的書符合了大家的需要，並受到肯定，例如《覺・教導的智慧》一書就獲頒行政院新聞局金鼎獎。

在實務工作中，我發現心靈成長和勵志的知識，對每一個人都非常重要。於是我著手寫了好幾本這方面的作品，許多家長把這些書帶進家庭，促進親子間的和諧，並幫助年輕人心智成長；許多大學生和初踏進社會的新鮮人，都是這些書的讀者。許多民間團體和讀書會，也推薦閱讀這些作品。

唯識學是佛學中的心理學，我發現它是華人社會中很好的諮商心理學。不過原典艱澀難懂，於是我著手整理和解釋，融會心理學的知識，變成一套唯識心理學系列。此外，禪與諮商輔導亦有密切的關係，我把它整理為禪式諮商，兼具理論基礎和實用價值，對於現代人的憂鬱、焦慮和暴力，有良好的對治效果。目前禪與唯識，在心理諮商與輔導的應用面，不只台灣和大陸在蓬勃發展，全世界華人社會也用得普遍。每年我要在國內外，作許多場次的研習和演講，正是這個趨勢的寫照。

二十年來我在寫作上的靈感和素材源源不絕，是因為關心現代人生活的適應問題和心理健康。我從事心理諮商的研究和實務工作超過三十年，個案從兒童青少年到青壯年及老年都有；類別包括心理調適、生涯、婚姻諮商等，我也參與臨終諮商及安寧病房的推動工作。對於人類心靈生活的興趣，源自個人的關心；當我晤談的個案越多，對心理和心靈的調適，領會也越深。

我的生涯歷練相當豐富。年少時家境窮困，為了謀生而打工務農，當過建築工、水果販、小批發商、大批發商。經濟能力稍好，才有機會念大學。後來我當過中學老師，在大學任教多年，擔任過簡任公務員，也負責主管全國各級學校訓輔工作多年，實務上有許多的磨練。

我很感恩母親，從小鼓勵我上進，教我去做生意營生。她在我七歲時，就帶我入佛門學佛，讓我有機會接觸佛法，接近諸山長老和高僧，打下良好的佛學根柢。我也很感恩許多長輩，給我機會參與國家科技推動工作長達十餘年，從而了解社會、經濟、文化和心理特質，是個人心靈生活的關鍵因素。如果我觀察個案的眼光稍稍開闊一些，助人的技巧稍微靈活一點，都是因為這些歷練所賜。在寫作時，每一本書的視野，也變得寬博和活潑實用。

現在我已過耳順之年，但還是對於二十餘年前受重傷所發的心願，珍惜和努力不已。希望在有生之年，還有更多精神力從事這方面的研究和寫作。寫作、助人及以書度人，是我生命意義中很重要的一部分，我會法喜充滿地繼續工作下去。

《悟・看出希望來》

目錄

新版序

懷抱希望，活得喜悅

人必須心懷希望，才能活得起勁，活得喜悅有意義。希望不是慾望，更不是貪婪或不切實際的理想，而是從自己的現實中，看出正向的意義，並導引出行動和意志。希望孕育創意，帶來堅毅的執行力，去接受生活和工作上的挑戰，從而發展能力，不斷揭開驚喜的人生新機。相對的，人若失去希望，就會變得落寞沮喪，帶來心理困擾，或者失去方向，隨波逐流，走上墮落之途。

希望是個人心靈世界的太陽，有了它才有光明、活力和實現其人生的能源。它既是個人專屬的信念或精神力，又是鼓舞精神生活的明燈。希望不是追求或佔有的目標，也不是宗教上所說的歸屬，而是清醒的覺照。看出生活現實中的意義，引發活下去的行動和雀躍。

禪的修持就是要我們看出希望來。禪的旨趣就在於打破成見、執著和情染，用清醒和智慧釐清生活的實境，看出意義，實現人生的真實和喜美。簡單的說，禪的教化宗旨就是「你是你自己的實現」。每個人都要接納自己的現實，以承擔和讚美的態度，去實現和創造唯一、獨特的人生，它珍貴得無法和別人比較。生活的法喜盡在其中，生命的豐富意義也在其中。

有了豐富的意義，心靈生活就不再貧窮，意識上就不再空虛。繼之而來的是一種心情安定，思考清醒，創意活躍，身心也變得健康起來。所以禪者不厭其煩的指出，生活的真諦就在於自己。你要看出它的光明性，看出它的希望，否則無法生活得充實喜樂，所謂「當下見道」就是這個意思。

現代人被慾望和種種貪婪，壓得透不過氣來。本來自己是生活的主人，可以在現實情境中揮灑創意，讓生活充滿喜悅和自在，領受希望的陽光和溫暖。現在，為了一味的追求和佔有，為了把自己變造成別人羨慕的模樣，生活不再是為了實現它的美好，而是扭曲成一種勉強和無奈的困頓。現代人有偌多的焦慮、憂慮和身心症，主要的原因就在這裡。

這本書主要的目的，就是揭開現代人心靈生活困頓的癥結，啟現新視野，看出新的生活希望，實現喜樂自在的人生。佛陀在靈山法會上，以活潑的教導方法，手拈一朵花對著弟子們微笑，來表現生活的智慧和生命的真諦。這無非是在告訴世人，生命就像花草樹木一樣，株株彼此不同，環境互異，開出來的花朵，大小、形狀和香氣也不一樣；但花兒開展時的喜悅，卻沒什麼兩樣。所以每個人要珍惜自己，開展和創造其人生，這就是自我實現。這樣的生活態度，才能萌發生命的陽光，展開圓熟的希望。

儘管每個人的生涯發展不同，行業各異，都要各自在他的現實環境中，看出希望，活得有創意，工作得自在。如果一個人整天都聚焦在追求、競爭、得失和佔有上，無論他的行業是什麼，生活總會感受窘迫、困擾和沉重的壓力。若能把眼光多投注在眼前的現實上，去欣賞它，去領會它，便會發現許多樂趣和喜悅。如果能進一步去玩味自己勤奮、努力和奉獻上，便會看到自己的實現、功德和意義。心靈生活的陽光，會因著有了活潑的視野，而灑落在你的身邊。當全新的生活態度展現，你會活出希望，活出豐足的笑容。

希望是悟出來的，然而悟的心智源自安定的心。以神經科學的角度來看，安定的心可以減緩大腦前扣帶迴的過度活躍，進而促進前額葉皮質的正常思考、抉擇和行動功能。這使一個人有更清醒的創意和行動力，用以孕育智慧和生命的希望。

這本書闡釋希望的本質，找出希望的線索。從生活的各個層面，透過禪家的智慧，結合心理學的知識，陳述如何開悟，從而看出希望，並能創造豐富美好的人生。

原序

實現活潑的人生

在我弘揚佛法和從事生活輔導的經驗中，發現希望可能是一個人積極振作、引發創意、帶來活潑悅樂的根本原因。人若能在失敗中看出希望，很快就能恢復豪氣；若能在落魄中看出希望，很快就能消除痛苦，重振銳勁。人一旦發現了希望，即刻由消極轉為積極，從悲觀轉為樂觀。我很驚奇的發現，人無時無刻不需要希望。它既是一種心理需要，又是一種光明性的動力。沒有它就注定墮落、失敗，甚至瘋狂。

希望使一個人在精神生活上感到充實而不空虛，待人處世穩健而不激越。它是一種心力的光明導向，智慧的表現，心理意識的遠景，同時也是生活的價值導向。對自己看出希望的人，一定能活得起勁，表現出活潑成功的人生。

希望是由自己發現得來的，不是抄襲或摹仿來的。它是透過參悟的過程而發現，不是透過追求、慾望和野心建構起來的。因此，人若不斷的向外追求物慾，就會被物慾所蒙蔽；他注定看不出希望，陷入迷失的泥淖。追求和貪婪表現在佔有和囤積，思想上脫離不了斤斤計較的執著，所以生活的創造性破壞了，智慧萎縮了，隨之而來的是精神生活的困頓與瘋狂。反之，若能張開自己的法眼，看出希望來，就會活得真實優游，活潑而有創意。

希望也是心理健康或病態的決定性因素。能在生活中看出希望的人，處處表現出自信、主動、樂觀和開闊的心胸；而看不出希望的人，就顯得消沉、憂鬱、墮落和隨波逐流。看不出希望的人，在情緒上也顯得壓抑、緊張、困頓和疲勞，因為他無法從塵勞中解脫出來，他的心靈失去了迴旋的空間，失去自由，所以經常有窒息的苦悶。

人在意見相左和利害衝突的時候，若看不出希望，必然產生暴力和紛爭；遇事不如意的時候，若看不出希望，就會憤恨而情急敗壞。婚姻的破裂，朋友的反目，人際的糾紛，事業陷入困境，都是看不出希望的結果。至於自暴自棄、墮落吸毒、游手好閒等，更是看不出希望所致。

從禪的觀點來看，悟就是看出希望來。這是指能夠從生活中看出意義，在煩惱中頓悟解脫，在事業上看出遠景，在精神上流露著積極主動的力量，在性靈上得到真正的自由與開放。《六祖壇經》解釋悟的本質說，「去除執心，通達無礙」，「一念悟則煩惱成菩提」。因此，悟即是用自己的清淨清醒之心，看出生活上的希望。這希望可能是一個創意，一個引導自己安身立命的價值體系，也可能就是一種信心或心力的出路與遠景。

這本書以禪學和心理學來解釋「悟——看出希望」的心理歷程。說明它的妙用，闡述悟和看出希望的線索，分析不能開悟和看出希望的原因，並對如何避開消極的心理陷阱加以討論。

接著，本書透過禪的開悟性思考、開放的經驗、聆聽自性的心聲以及自由的神馳等法門，解釋看出希望的入手方法。依我個人的體驗，悟並不若想像中那麼神秘，只要能掌握基本的線索，實際去作練習，在平常生活中，隨時都會看出希望，感受到悟的體驗，從而展現出「覺・有情」的菩薩矜懷，並在家庭與親情中表現了喜樂，在生活中流露高潔的性情和開朗的情懷。

禪的宗旨在於啟發個人，成為有覺性、有情感、有智慧、能過實現生活的自由人。禪本身就是人性的光輝和希望。而我們就是要透過悟的過程，來看出生活和生命的希望，從而提昇精神生活的品質，這也是討論的重點之一。

我深信決定人類精神生活的關鍵因素，是情感而非理智。因為理智的展現，遠在情感發展之後，而且理智經常遭受到情感的干擾和扭曲。如果情感不能有所覺醒，理智就不容易發揮正常的功能。因此，佛家把菩薩解釋為「覺・有情」是很有道理、很圓融的。

此外，人生需要終極的希望，它是一個統整的價值體系，也是精神生活的導向。沒有它，生活就會盲目失控，蒼白而消沉。因此，對於人生的終極希望，也作了討論。

本書共九章，每一章的開頭，都有一則長短句構成的「現代偈」，扼要對該章的旨意作個引言。我不是詩人，也從來沒有發表過詩作，不敢稱其為詩。不過，我相信每一則偈子，都帶著詩一般的靈耀和豐富情韻，特別是所透露的禪門情懷和宗教情操，希望它能引起讀者對「宗」門的共鳴。

全書旨在討論悟這個「看出希望來」的心理歷程，為了實用，我完全以現代人的生活經驗和思想語言作舉證說明。相信讀者可以從這本書中找到自己的希望，悟出自己的圓滿人生。

壹

悟·看出希望活得起勁

希望的燈火，
點亮了
燃燈古佛手上的火把。
生命的花朵，
閃爍著
大通智勝佛眼中的靈耀。
火把照亮了我的眼，
靈耀揚起了我的帆，
我驚喜看出何處是波羅蜜我的家鄉。

人必須心懷希望才會活得快樂，日子才過得充實，有意義，有朝氣，有信心。不只個人如此，一個家庭，一個公司或機關，乃至整個社會國家，都需要希望這種精神生活的陽光。沒有它，個人會變得頹廢蒼白，失去活力，墮入禪家所說的「無記空」。失去它，一個群體會看不出他們共同的希望，而彼此離心離德，在思想和態度上露出消極的氣質。這種消極氣質若滯留在家庭，家庭便有了暮氣；瀰漫在社群裡，便產生墮落與低迷的文化；發生在公司財團，則其創意和朝氣必然漸漸腐蝕，破產的厄運必然來臨。

人的精神活動，決定生活的品質、事業的成敗和人生的幸福。而關鍵就在於是否能在待人處事中「看出希望」——悟。唐朝荷澤神會大師說：

豁然曉悟，

通達無礙。

當自己的思想、情感和價值觀念，豁然通達沒有障礙時，一種光明的希望將展露在眼前。這就是所謂佛（覺）光了。

希望是精神生活的陽光。它照亮你、溫暖你，給你力量，也讓你能睜開法眼看出自己似錦的前程。人必須對自己的人生看出希望，才活得有意義、有價值，肯承擔順逆，能接受種種挑戰和考驗。

在日常生活裡，你若能從庶事之中看出希望，它即刻變得活潑動人。哪怕只是喝一杯水，披上一件外衣，跟家裡的人閒話家常，打個電話問候朋友，都蘊藏著愉悅的禪機，綻放著人性之美。希望與人的財富和身份地位無關，能給我們充實愉快之感的不是財富，而是希望。但希望是悟出來的、發現來的，用自己的心去看出來的。

人必須在自己的工作和事業中，時時看出希望；要在失敗中看出希望，才能從中學到經驗，鼓勵自己接受挑戰，孕育不懈的毅力。當然，也要在成功中看出希望，讓自己知道成功的意義和責任，避免因自滿而迷失，從而開闊自己的視野，實現人性的光輝和使命。

希望的禪機

什麼是希望呢？我認為它是積極的精神力量，光明的生活導向，也是實現人生和發展事業的活水源頭。它是帶動你轉敗為勝的毅力，令你振衰起弊；是觸動創造思考，使你發揮智慧；也是彼此互愛和崇高人格的本質。在日常生活情境中，每一個引發或觸動看出希望的機會就是禪機。因此，我們可以說生活所在之處，無處不是禪機。

在生活之中，每一次禪機都蘊含著光明的希望，能夠掌握禪機的人，時時看出豐沛的意義，能不停的增長智慧，隨處看出喜悅與豐收。比如說，當別人對你有所批評和指正時，若能冷靜下來，不被激怒，不找藉口迴避或反擊，反而聆聽對方發言，這就是希望誕生的機會。你若以積極和正確的導向，回應批評者「請說具體一些」，我對於你的指教有興趣。」這樣一句話，就很容易打開交談的希望。在專心聆聽中，你適時補上一句「依你看，我應該怎麼辦？」這時心智交流就顯現更有希望的景象。對方很容易收斂批評性的語詞，轉向誠懇的建議。同時，也因為對方的尊嚴得到伸展，他的創造力被開啟了，所提出的建議，參考的價值也隨之提高。我深信，一個懂得發掘希望的人，最能應用別人無形的智慧與創意，同時也最能把握良好人緣的契機。

禪機不是什麼神秘的東西，它是孕育希望的機緣。你能把握它，就能看出事件的光明希望，創造圓滿的成果和無盡的喜悅與豐收。因此，我們從禪機中看出希望時，自性正展現著光輝，綻放著創造力。這樣自己也成就了「大通智勝佛」的德性。

希望可以說是一種心力動能的積極光明出路。當心力動能被引導至建設性或積極面上，便產生了希望。它成為心智成長和精神提昇的力量，表現出來的是創造、醒覺、慈悲、歡喜和恬淡。反之，如果失去希望，動能被扭曲了，被壓抑了，就形成緊張、憎恨、暴力或自暴自棄。所以禪家以「大通智勝佛」來表示這悟出希望的本質。

其實，每一個人心中都有大通智勝佛的光明屬性。它就是能悟出希望的自性本體。現在你也許要問什麼是大通智勝佛呢？唐朝舒州天柱山崇慧禪師，在回答弟子這個問題時說：

「曠劫來未曾壅滯，不是大通智勝佛是什麼。」

學生又問道：

「為什麼大通智勝佛的法性不現前呢？」

崇慧禪師說：

「是因為你沒有看出來，所以不現前，如果你能看出來，也就另無佛道可成了。」

希望是悟出來的，是用自己的法眼去發現的。例如你發現了自己的興趣，心裡頭便生希望。發現了屬於自己的工作目標，就會勤奮努力。所以一個企業，必須讓它的成員有機會發現他們的共同目標，也要讓成員自己對生活看出意義，這就是企業文化的生機，也是禪式經營理念的本質。

當然，每個人對自己的一生，也必須懷抱希望。它是人生的光明導向，是一種不可或缺的正確信仰和毅力。因為希望正是精神生活的本身。但是，我們必須了解，希望不是慾望，不是野心，但它可能以目標、價值觀念、情感和理性來表現。它的本質是發現，是自發性的領悟，而不是抄襲和摹仿。禪機正是發現希望的那個情境和機會，因此，隨時隨地都在出現禪機，而每一個人都必須隨時看出它的意義和希望，讓自己的心力，得到實現和提昇。

禪家所謂的「功德」就是悟的能力，就是看出生活和生命希望的能力，而福德正是看出希望之後，生命的實現所流露出來的喜悅、成功和幸福。

希望具有實踐的主動性和創造性。缺乏主動性的意圖或目標，充其量也只是一種妄念，而不是希望。一般人所謂「希望的破碎」，是指妄念或慾念的幻滅，真正的希望是不會破碎的。希望一旦被發現出來，就像璀璨的明珠，閃爍著光芒。

心理學家弗洛姆（Erich Fromm, 1900-1980）引用卡夫卡（Franz Kafka, 1883-1924）的《審判》（*The Trial*）這本小說，談到一個人來到天國之門，請求守衛准他進去，守衛說，他現在還不能進去。雖然大門是開著，但他還是決定等待。他反覆請求允許進入，而守衛總是說，還沒有被允許。在等待的漫長歲月中，他不停地望著守衛，一直等到年老了，快要死了，還是沒有被允許進去。這時，他第一次問守衛說：

「這些年來，除了我之外，怎麼竟沒有一個人求進天國之門呢？」守門人回答說：

「除了你之外，沒有人可以得到許可通過這個門。因為這門是為你而設的，不過現在我要把它關起來。」

弗洛姆用這個故事來說明希望的創造性和主動性。「卡夫卡所說的這個老人，如果不是這般消極性和被動性，他或許可以進入幸福圓滿的天國。」事實上，這個寓言故事，頗像禪宗公案，如果進一步去參透，便不難發現，每一個人都應皈依自性淨土，依自性因緣，實現人生都具有大通智勝佛的本質。如果自己不願意去發現自己的「天國」，看不出自己的希望，終其一生的等待，不免要摒棄於成功幸福和圓覺的門外。

希望的妙用

希望對於生活會產生什麼作用，它真能讓我們活得充實、活得起勁、有活力嗎？《六祖壇經》中說：

若聞頓教法門，
不執外修，
但於自心常起正見，
煩惱塵勞常不能染。

也就是說，如果你能時時刻刻看出希望，那麼自心就能不斷孕育創造性的正見，一切煩惱障礙都干擾不了你。

對！看出希望就有了創意，有了活潑與朝氣，有了人生的憧憬。

過去我任教的教育系學生，在畢業之前一定要到國中去試教，學習一些起碼的教學經驗。試教下來，有些學生對當前的教育萌生無力感，對未來的教學生活，開始徬徨起來，顯得有些失望。但是另外一些學生，卻對自己的工作抱著樂觀和信心。同學們互相討論時，我發現失望者的眼光，總是集中在消極的事情上，例如抱怨學校教學資源分配不合理，學生對學習提不起興趣，現任國中老師士氣不振。他們把眼光投注在消極面上，自己又覺得束手無策，於是產生了晦氣。另外一些學生，在試教之後，卻充滿信心。他們的著眼點是：正因為學生沒有興趣學習，所以才需要老師去引導。教學資源分配不合理，正等著自己去改變它或彌補它，於是他們充滿希望。

抱持消極態度的人，正像卡夫卡在《審判》一書中所說的老人，終究是進不了那光明希望的天國。而抱著熱心進取態度的人，由於他們能看出教育工作的希望，所以擺在跟前的困難，阻擋不了他們的創造天性。我相信，社會的進步，是看出希望的人所作的貢獻。而校園裡、教室或走廊上，所表現的杏壇春風，就是那些孜孜不倦、有信念、抱著希望的老師們所作的奉獻。他們正是推動文明搖籃的手。

每一年，我總是把教育上的希望與傳承，傳遞給即將從事教育工作的學生，而學生們的回應恆是有的人消極，有的人積極。幾年以後，總是在希望的分野上，看出他們的成功與挫敗。我相信其他學系的畢業生也是一樣。

希望是一種精神力量，對每一個人的生活與工作，具有決定性的影響。因此，只要你學習在日常生活和事物中，看出它的希望，你的心智和感受就有了全新而喜悅的改變。看出希望，對生活能發生以下多種妙用。

活得起勁

如果你經常覺得暮氣沉沉，就表示你沒有在生活和工作中看出希望。從研究報告中顯示，那些經常意志消沉、身體不適和失眠、憂鬱懼怕的人，最普遍的現象是對自己的工作看不出意義，心中不存希望，對工作興趣缺缺，並以被動的心態，勉強應付準時上下班。所以他們對工作提不起勁來，做事拈輕怕重，這不但對自己身心有害，在工作效率上也大打折扣。

許多上班族，生活在刻板的「上班」活動之中。他們對工作並不投入，不肯負起責任來。這個行為特質，最後擴散到家庭和全部生活，影響了全家的幸福。其實，肯為工作負責就是一種希望或意義，這正是禪門所謂的「承擔」。能承擔生活就能肯定生活的價值，從而產生活力。禪家說：「因為你不肯承擔，所以佛性就顯露不出來。」一好逸惡勞的人想脫離單調無聊的工作，急於尋求娛樂放縱，這一來就使工作情緒低落。特別是新生的一代，在富裕環境長大，除了被要求讀書之外，很少有肩負營生幹活的機會。所以他們看不出工作的意義，倒是對生活起了虛妄的期望，企圖享受、佔有、被保護。當一個人慾望過高時，必然對目前的工作有著眼高手低的感受，從而降低了工作的熱忱。人一旦對自己有了前景黯淡的想法，他就注定消沉，情緒低落，希望渺茫。

能對自己的工作或人生看出希望的人就不同了。他們深知自己要做什麼，有著光明的導向，每天振作奮發，臉上總是流露卓越的毅力和精神。一個小市民，也許沒有什麼立功、立德、立言的大志，沒有賺大錢做大事業的打算，但對生活和家庭，卻能看出值得珍惜的溫暖和情愛。他每天哼著歌上班，晚上陪著孩子作功課、聊天，而星期假日正是全家歡欣享受郊遊嬉戲的時光，生活雖然平凡簡樸，卻顯露著無盡的希望。

我知道有些人，他們擁有許多財富，每天卻為處理財富大傷腦筋。台北市東區有一位先生，坐擁一百間房子不賣、不租，任其閒置數年。有人問他為什麼不賣房子，他的回答是：「這是父親辛苦留下的產業，我要好好的維護。」他雖然有浩大的財產，煩惱卻很多，因為房屋仲介業者老是纏著他，甚至有人強迫他賣屋子。這位先生就是看不出希望而被財富困住，迷失在財富的迷宮裡，所以煩惱多。

禪家總是教人在喜捨中看出生命的希望。因為有歡喜就有朝氣；肯幫助別人，就肯定了生命的價值。一個熱心於人類福祉的人，必然時時充滿希望與朝氣。你若打開科學家居禮夫人（Madame Curie, 1867-1934）的傳記，一定會發現真正使一個人充滿活力的原因，就是心中懷著助人的希望。

居禮夫婦抱著對科學研究的熱衷，勤勤悃悃，廢寢忘食，在艱苦貧困中，長期的努力，終於在一九〇二年煉出鐳來。鐳的放射性強，對癌具有療效。美國、比利時都想開發它，因而向居禮夫婦請教。他們當然可以把它拿來申請專利，得到經費，改善自己的生活，又可以建立一個好的實驗室。不過，他們沒有這樣做。當時居禮夫人說：「物理學家總是全部發表他們的研究結果。如果發現具有商業價值，那是偶然的，我們不可從中牟利。鐳既然對治病有用，我們不可利用這個機會圖利。」

當天晚上，他們寫信給美國工程師，把資料寄給他們。這對科學家夫婦，心中一直點燃著希望之光。正因為如此，居禮夫婦對科學研究保持著無盡的活力。一九〇六年，居禮車禍意外死亡，居禮夫人受到猝然的打擊，甚至神志惘然。但是希望的力量再度使她振作。居禮葬後，法國政府要給她一筆撫卹金，她斷然拒絕了。她說：「我還年輕，我可以自給，並照顧孩子。」她繼續致力於科學研究。一九一一年，再度榮頒諾貝爾化學獎。

偉人成功的事例，我們只能欣賞，但不能摹仿。因為那是他們自己看出希望之後所展現出來的，那畢竟不是我們。不過，我們卻可以受到他們的啟發，在自己身上看出屬於自己的希望。《六祖壇經》上說：「只合自悟自度。」每個人都有自己的獨特因緣，只有在自己的因緣（自己的本質和環境）中看出希望，才可能引發生命的活力。

希望不是尋求讚美的動機。這種動機一旦侵入心中，光明的豪氣便受到腐蝕。比如輿論界對政府官員常有苛刻的批評，民意代表更對他們作出過火的人身攻擊，於是有了所謂「官不聊生」的現象。部分優秀的公職人員，因而有辭官的意念，甚是可惜。我呼籲民意代表們在問政時，要看出問政的希望，避免人身的攻擊。把人和事分開：對事負責，對人尊重；把事實和意見分清楚：針對事實，少用己見。這樣才能發揮問政的朝氣和活力。另一方面，政府官員也要以實踐菩薩行自許，在忍辱和辛勤中為民服務。《維摩詰經》中說：

高原陸地不生蓮華，
卑溼淤泥而生此華。

「當知一切煩惱為如來種。」為了服務社會而活的人，必然可以在許多辱罵和攻訐中看出光明的希望，而堅持把工作做好，那就是生命的意義，是一朵自性的蓮華，因為「塵勞之儔為如來種」。

轉敗為勝

人們總會有失敗挫折的時候，如果悟不出它的意義，看不出希望來，就會打不起精神，再也站不起來了。人們在失敗時，最普遍的反應，首先是找個藉口來掩飾自己，這種障眼法，正好斷送了重新看出希望的機會。其次是頹喪地等候失敗把自己打垮，心裡頭說：「現在太遲了！」這種消極態度，使自己失去思想的光明性。事實上，失敗正是通往成功的線索，你一定可以在希望之中找到許多啟示，誠如經上所說：

不入煩惱大海，
則不能得一切智寶。

你不用懼怕失敗，而要把它當做教訓，同時要在教訓中找出新的體驗和認識，看出希望來，並對自己說：「無論是補救過去的錯誤，或者東山再起，永遠不會太遲；成功的希望已經在握，因為我已有了教訓。」

也許，你曾經冒犯過朋友，要勇於認錯道歉，無需遲疑，現在還來得及，這樣才有彌堅的友誼。也許你錯怪了你的子女，不要死抱著尊嚴不放，要看出真正的尊嚴是，走過去向子女說明自己的失察，那才是真正的尊嚴。夫婦之際，朋友之道，親子之情，都免不了有爭執、摩擦和誤會，但最重要的事是看出人性的希望——友愛和親情是在適應中昇華歷練出來的。

一生的志業，也要時時看出希望，才能在順逆無常的歷程中，獲得真正的成功。有了希望就有毅力和方針，這就能夠不停的校正失誤，維持方向，達成目標。舊金山加州大學心理學家葛菲德（C. A. Garfield）曾指出，在一項以九十位商界、政界、體壇和藝壇的領袖為對象進行訪問研究，發現絕大部分的人都說：開始出錯，並不等於失敗，挫折能激發新的希望和決心，在經一事長一智中邁向成功。有希望就有生命力，有希望就有光明的心志。因此，成功永遠屬於能看出希望的人。

《法句譬喻經・雙要品》最後一段偈語，大意是說：「心是一切志業的根本，心裡頭有了尊貴的希望，便流露在你的言行之中，這時便能成功，福樂便如影隨形，跟隨在你的身邊。」

根據研究調查顯示，在事業上有傑出成就的人，百分之七十七認為，成功所依賴的是「勇敢進取的精神，能採取積極的行動，有好的意志力和明確的目標。」也就是說，他必須能在失敗和挫折中看出希望來。一個心存希望的人，除了能敬業樂業之外，他必然有克服困難、轉敗為勝的毅力和決心。波蘭音樂家巴德瑞斯基（I. J. Paderewski, 1860-1941）在演奏之後，有位音樂愛好者對他說：「我願意終身努力，以求這樣的成就。」這位卓越的音樂家則回答他說：「我就是這樣做的。」

人在面臨失敗時，最大的危機是消極的意識；失敗時所看的都是失去的、無法挽回的，這是許多人一蹶不振的原因。這時，你要記得來一次水平思考，把觀點移動到另一個著眼點上，不要被原來一環扣著一環的悲觀所箝制。請注意，當你把玻璃杯打翻時，你是注意到杯中果汁或美酒而覺得可惜呢？還是慶幸杯子沒有同時摔破呢？別人指正你時，你是為著批評而難過呢？還是慶幸自己又學會了新經驗？如果你經常練習從消極轉移到積極，你的創意和希望就很容易被牽引出來，那就是轉敗為勝的關鍵，這就是一種悟的體現。

心懷希望的人，能不斷從失敗中尋找經驗，發現失敗的原因。他們不對自己說「我與這個工作無緣」、「我辦不到」、「我注定是失敗的命」，而是對自己說「我必須嘗試一下不同的方法」、「慢點！讓我弄清楚，我一定辦得到」。

人生最危險的事是絕望。我們在失敗時，可以失望，不可以絕望。失望可以復原，因為心中還有希望的火種。但若絕望，就會潰不成軍，一蹶不振。它不但帶來厄運，損害健康，甚而賠上寶貴的生命。

對於成功趨之若鶩，對挫敗常有過度排斥的反應，這是一般人的共同現象。但是，只要仔細觀察便會發現，人類大部分的時間生活在逆境中，如果不能在逆境中看出希望來，就注定振作不起來。因此，人不但要自成功中證驗能力和肯定自信，同時要學會在失敗中獲取教訓，淬礪智慧。我們可以說：成功和挫敗都是生命的沃土，它們沒有什麼差別（不二法門）；是非和功過同屬生活的經驗，彼此也沒有什麼差別（無是無非），只要你能從中省發觀照，看出個中的希望（悟），生活的大道就在其中。

挫敗和失望的時候，你若覺得心灰意懶，就會像是走進一個密閉房間一樣的鬱悶難耐。這時，別忘了打開窗子（希望），便可在清新的氣息中，泛出否極泰來的曙光。

增長創意

心懷希望的人，必能啟露自己稟賦的創造力。這正是禪門所謂的開慧。然而，只有透過希望的及時雨來滋潤，才能使自己開展潛能，過有創意的人生。也唯有透過生命的實現，把業力中的潛能實現出來，去服務社會（實踐波羅蜜法），才能真心感受到圓滿。這就像《六祖壇經》所說：

心地含諸種，
普雨悉皆萌。

希望之雨是多麼重要呀！它沃長我們的心智，讓我們求福得福，求慧得慧。

人如果想要活得好，就必須藉著希望去完成兩項重要的工作：扎根和展翅。扎根是為自己的學識、做人、性情和健康打下基礎。根扎得深廣，自己就有多方面的知識、能力和經驗。這樣做起事來信心提高，當然容易成功。扎根的工作永遠不嫌遲，只要你立刻行動，假以時日，就有可觀的成就。扎根的工作最忌諱的是一曝十寒，最有效果的是水滴石穿。對於現代人而言，讀書是一件很重要的扎根工作，特別是在這資訊爆炸的時代，如果你三日不讀書，可能不只是面目可憎，而是一種落伍或淪亡。

當然，扎根不是只有讀書，但讀書卻是重要的方法之一。其他如參加社交活動、聽演講、在工作上力求改進等等都是好方法。但別忘了，你除了要注意到廣博之外，還要專精你的本行；除了注意能力之外，還要培養你的品德和性格。

其次是要藉著自己的希望去展翅。我所謂的展翅是指創意、好奇和勇於嘗試。要學會自我依賴，依照自己的因緣去成就自己的事業。展翅需要安全感和自由思考。安全感是好奇和勇於嘗試的支柱，自由的思考和創造力，更是自我實現的要件。

心懷希望的人必然知道扎根，也會懂得展翅。根扎得越厚實，越能展翅高翔。扎根和展翅就是天台宗所謂的「本」和「跡」，也就是一般所謂的體和用。請注意：失去希望或看不出希望時，所有的體用和本跡，都將陷於蒼白，因為眼前一片漆黑。

禪家重視悟道，便是要人去看出希望，發現自己的創意和曙光。但是，悟與疑情是分不開的。禪門標榜的是：

大疑大悟，
小疑小悟。

你若能在生活和工作中，勘破疑難的關鍵，就會產生創意；在你的一生當中，若能勘破生命意義的大疑情，便能看出人生的希望來，那就是人生的大悟。人類的一切福報源自希望，一切智慧也源自希望。希望是成就一切種智的活水源頭。

平靖情緒

任何一件引發惡劣情緒的事情，只要你能從中看出希望，從而發現它對自己的意義或價值，這時即使最壞的情緒也會被克服。從心理的反應來看，我們是否能享有愉快的情緒，端賴自己是否能看出希望——一種清醒的意識狀態。人們的惡劣情緒，通常來自一種「絕望的評價」，它引導你對別人或事物發生曲解，發大脾氣，鬧情緒。這時，自己會認為，發脾氣是直接受周遭情境的影響。但事實上，是被一種不自覺的意識所蒙蔽。

什麼是不自覺的意識呢？比如說，當自己的孩子成績不好時，便想到「你真是無可救藥」。跟配偶意見不同時，便想起「你是頑固的自我中心」。朋友對你稍有怠慢，便抱怨「他一向不負責任」。這種絕對武斷的意識，把我們的覺性和希望淹沒了，從而產生窒悶的絕望，以致大發雷霆。

處理情緒的技巧是要對事情做清楚的認知，看出它的意義。比如說，孩子成績不好，可能不是不用功，而是因為他的程度趕不上。這時，你會發覺他需要幫助。而引發同情與協助之心，這時就有了希望，而憤怒的發脾氣也就不再出現。

生活在價值紛歧和言論自由的現代社會，表達意見時帶有誹謗是常事；奉獻心力服務社會，仍不免受人惡言批評。如果自己缺乏精神生活的希望，就很難釋懷別人的攻訐和批評。所以唐朝永嘉大師在《證道歌》中說：

觀惡言，是功德，

此即成吾善知識，
不因訕謗起怨親，
何表無生慈忍力。

禪門重視的是「做得主」，只有做得了主人，才展現肯定性，看出希望，而不被惡劣的攻訐所牽引。因此，有希望才有朝氣，才能孕育出慈悲心和容忍異己的度量。

其次，人在面臨極度痛苦時，如果突然看出痛苦對自己具有意義，則對痛苦的承擔能力就會增強，其惡劣的情緒也得到相當的綏靖。比如說，感情被騙或失戀這類事情，會使人傷心欲絕。但是失戀的人一旦從中看出新的希望：他發現它就是命運，必須自己去承擔，必須忍住當下的脆弱，去證明自己具有接受痛苦的勇氣，而肯定自己的生活價值。這時，一種強大的希望，展現在眼前，而使他由痛苦轉變為堅強，生活的活力得到恢復。所以，信仰是很重要的。有一個正信的高級宗教信仰，能帶給人光明的希望，它能引導我們走出陰晦的情緒困境。

我們隨時都需要發現希望。心理學的研究告訴我們：人必須為希望而活。這個希望對自己而言是唯一的、獨有的。心懷希望的人，就能時時「轉識成智」，把許多痛苦的情緒，化為生活的志氣，而讓自己活得堅強卓越。

空虛可能是人類另一種痛苦。空虛才會無聊，才會覺得孤寂蒼白，生活乏味沒趣。這種情緒狀況，最容易造成吸毒、墮落和犯罪。這種精神狀況便是存在的空虛，也是佛門所謂的無記空。我深信，無記空的嚴重性不只是消極，更嚴重的是由空虛所引起的補償性罪惡。因此，教育的重點工作，應在於協助一個人發現一生的希望和意義。

強韌心志

人生是一個不斷成長的歷程。成長是從未長成的現況，積極地朝向一個光明有意義的方向發展。人似乎永遠要生活在不斷的成長之中；用著現有的經驗去實現一個新的局面，不斷向前發展自己的潛能。這個不斷向前成長的積極力量也是希望。

希望一方面表示人類天生的積極力量，它是生活的潛能，另一方面也是人類經驗和知識不斷重組的歷程。因此，希望與成長是分不開的。心理學家弗洛姆說：「希望是附隨在生命和成長的心理素質；人的希望是與情感與認知相連的。固然我們不能拿它來和樹的向光性相比擬，但是如果說，人之與希望猶如樹之與向光性，是一點不為過的。」人類內在的希望，是教育學家、企管學家和心理學家所重視的。他們相信，如果希望的天性，一旦被壓抑、藐視、摧殘和否定，人就會消極起來，甚至裹足不前，喪失成長的動力。人是否能夠樂觀積極，不斷的成長學習，完全決定於希望是否能像陽光一樣溫暖著自己。

希望所衍生出來的積極性，使一個人有憧憬，肯負責，肯上進。我們如果能引發、維護和鼓舞孩子心中的希望，他就會自動學習，獨立思考，在生活上表現出好的適應能力。他們不但身心健康，而且顯得挺勁。當然，他們接受挑戰的能力強，心智成長也比較快。

希望也是一個企業或政府機關的靈魂。本位主義的觀念，滯塞了群策群力的希望。懼怕失敗，當然不會有拓展宏圖的胸襟。規避責任，就不可能孕育遠見。有一次，我與一個公司的中級主管聊天，談到許多對公司有益的意見。我對他的高見極為欣賞，於是問他，是否已將那些建設性的意見反映給高層主管，他自我解嘲的說：「人微言輕，說了有什麼用；即使他們聽了，也未必重視。」這樣的回答令我驚訝！因為他的思想太消極了，心中似乎未懷抱著希望。這是他個人的損失，也是公司的損失。我相信希望就是個人及團體前途的指引。創造力固然是成功的要件，但是創造力如果缺乏希望，將會扭曲成為憤世嫉俗或消極的冷嘲熱諷。

每一個家庭、公司、機構乃至社會，都可能出現不肯負責、消極而沒有擔當的人。他們知道批評，卻不懂得建設；知道要求，卻不肯獻身。這種人看似充滿希望，但事實上是消極而且絕望的，是慾望挫折的反應，而不是希望所釋放出來的振作與智慧。

任何一個家庭或公司，只要希望的光芒消失，就免不了潰敗的命運。

希望帶給我們的是成長，而不是退卻；是建設而不是憤懣；是思想與行動的結合，不是情緒的亢奮與發泄。因此，扭轉家運的方法就是培養希望，促進公司成長的方法就是點燃希望。

參悟信仰

宗教是精神生活的一部分，沒有人能免於宗教的需求。透過《楞伽經》來解釋，「宗」是指非屬一般常識的特殊經驗。由於它不是一般知性的經驗，所以又稱為神秘經驗。「教」是把這些經驗，透過語言文字表達出來，讓人信、受、奉行，獲得精神生活的成長與圓滿。

宗教基本上是精神生活的表現。它因為是你自己本身既有的一種存在，所以是絕對真實的。但是你必須了解，宗教的真實本意是精神超脫、自由、悅樂和圓滿的希望，而不是讓人墮入困擾、痛苦和迷失的絕望。宗教的成長過程是從多神教進步為一神教，再進步為與神沒有關係的覺性宗教，這過程顯示了醒覺的希望——佛——覺者。

從古代遺留下來的初期多神教，免不了迷妄、錯誤和精神症狀。漸漸隨著一神教與高級宗教的出現，精神生活也起了變化。當一神教出現的時候，人類把自己的意欲和心理需要，投射到神祇上，宗教的信仰是自己與神之間的意欲關係。現存的初級多神教，不正是這樣嗎？

宗教的希望是人類精神生活的圓滿，而不再是人與神的關係。人唯有從許多煩惱、困境、空虛、貪婪、暴力中解脫出來時，才看到那個非屬於知識性的神秘法界；它是圓滿的福樂，絕對的純淨與自由，一個永恆的世界。

就佛教而言，宗教之希望並不存在於對神的依賴和慾求，而是一種自己的淨化與啟發。從而讓自己有個圓滿的精神生活，並以之作為崇仰的對象。一般宗教所崇信的是「人以外的神」，而禪佛教是要自己精進修學，以證得最高境界。這種提昇精神生活的希望，引領自己在現實的生活中當一位覺者，同時也參證那永恆的法界。因為那永恆的精神法界，正是證悟的本身和希望。

每一位虔誠的教徒，都必須抱持一分「醒覺的希望」，一分「悟教歸宗」的希望，否則就會走失，就會迷信。最近有一位朋友問我：

「你學佛參禪為的是什麼？」我告訴他說：

「精神生活的光明希望。」他又問：

「什麼希望。」我說：

「見性悟宗。」又問：

「什麼是見性悟宗？」我說：

「從單純中實現生活，從無常中發現永恆。」這時，他似乎不明白我的意思，所以更為他解釋說，「接納自己，好好實現自己，過大乘菩薩民胞物與的生活；但也要知道，人生是無常的，沒有什麼好貪執的，所有的成就都是大家分享的，這時，你會看到精神法界的希望，它把你帶入永恆。」他又問我，「這有什麼感受？」我說：

「無論是順是逆，是得是失，精神生活的希望不變，就會很清醒、很自由、很能體驗到生活之真實，就像你在遊山玩水一樣。旅遊雖然艱辛，但很快樂。另一方面，你還需注意，旅遊絕對不是要把五嶽三川的山水帶走，你畢竟是你自己，一個覺者。」

信仰的希望使我們虔誠精進，促進自己的覺醒，解脫生活的苦惱，悟入圓滿人生。

要活出希望來

人隨時隨地都需要希望，沒有希望就注定迷失，導致墮落，引來煩惱和痛苦。沒有希望就可能失去朝氣，帶來霉氣和情緒的低落。沒有希望就失去成功的機會，也看不出人生究竟的意義是什麼？

希望是我們心中的陽光，灰心時溫暖我們，消極時振作我們，力竭時鼓舞我們。希望即是自性中的燃燈佛，我們應隨時讓祂照亮我們的人生。《永嘉證道歌》中說：

我師得見燃燈佛，
多劫曾為忍辱僊。

釋迦牟尼的證道，是因為參見代表光明與希望的燃燈佛，經過不斷努力、忍辱和實現大慈大悲的菩薩行，才完成了福慧圓滿的參證。也就是說，人唯有時時刻刻心懷希望，努力不懈，才可能活得圓滿。

貳

希望的線索

在無量壽佛的殿堂，
亮麗的毫光中，
我看到希望，
映在童稚好奇的明眸，
泛起天真爛漫的歡顏。
我看到希望，
閃爍在晨曦的露珠裡，
化作秀色千山。

希望是一生中最重要的事。懷著希望，無處不自在；活在希望裡，無處不令你歡喜豐足。希望能沃壯你的人生，讓你意興風發，充實穩健，免於迷失的痛苦。不過，希望不是貪婪的合理化，更非野心，而是在你醒悟之後，綻放出來的智慧與活力。希望是人生的慧眼，像識途老馬一樣，帶領你走出困境。它是人類稟賦的潛能和創意，能絢爛你的人生。希望也是一種積極主動的思想，能引領你走向自我實現的康莊大道。

發現生命的意義和究竟就是希望，看出精神生活的出路就是希望，找出事業和工作成功之道也是希望。希望是生命實現的智慧。是存在的肯定，是真、善、美的表現。每一個人都稟賦著希望，它是與生俱來的。人之所以絕望、墮落、厭世、暴力，是因為他的希望有了障礙。這障礙包括了知的障礙和情感的障礙。而障礙的形成，則來自對生活麻木與疏離。

如果說生活和工作是一種適應，那麼由適應到成功的同時，便開始埋下另一個失敗的原因，那就是適應性退化。道家說「福兮禍之所倚」。當一個人在某一件事情成功時，他的智慧很容易被成功的刻板思想或躊躇志滿所障礙。然而，悟道的禪者，卻能從中超越出來，解脫出來，保持著希望與智慧。所以禪者會說：「我很高興對事物保持新鮮的看法；我擺脫了被某一觀念、立場、習慣或規矩所限制的窠臼。」

於是，他們把剛才對的捨棄，也把剛剛錯的捨棄，讓自己清醒機警的面對現在，所以叫做兩忘。所謂：

兩頭共坐斷，
八面起清風。

人唯有放下成功的興奮，不執著在過去成功的方法上，另一方面又得從過去失敗的懼怕和錯誤的思想與行為中解脫出來，這才是真正覺醒過來看到希望。

經營事業成功的訣竅是創造。過喜悅生活的契機也是創造。創造最忌諱的是被過去的經驗所縛。被縛就產生無明、成見和刻板。成功的經驗若不加洗滌，會束縛思想，失敗的經驗若未經希望的透析，也會使人喪志。人唯有「出入即離兩邊」，才能免於思想和情感的僵化與麻木。

心理學的研究顯示，任何一個人在工作和生活上，都會產生適應性退化。那就是一般人所謂的彈性疲乏。人的思想和情感，一旦發生彈性疲乏，就會失去朝氣、失去主動積極性和敏銳的覺察力。這時，希望的眼神也就模糊了。

我們不能把希望界定成目標，因為目標是希望的產物。我們更不能把慾望視為希望，因為慾望使人陷於被動性，甚而淪為慾望的奴隸。因此，人類唯有培養悟和覺醒的能力，去發現意義，才能看出生活與工作的希望。以下是孕育希望的幾個可行之道。

開悟思考

開悟思考能孕育你的創意。我們用創意去解決問題，勘破煩惱，創新生活，改進工作。所以開悟是人們發現希望的途徑。人，一旦使用開悟思考，處處都有新的覺照和發現，就像月光遍灑大地一樣，無處不是銀色的光芒。有一則禪語說：

打起水波，
水濺葉，
今夜葉葉都有月。

你開悟了，處處都顯露著創意，所以說：

山河及大地，

全露法王身。

那法王身就是人類的希望。

現代人最需要開悟思考。特別是我們的社會風氣，幾乎缺乏開悟思考，比如說，我們把教育視為學歷的取得，教給學生一些刻板化的知識，甚至連教學也是千篇一律。我們美其名叫教育機會平等，至於學生是否學到生活上所需要的活潑經驗和能力，則鮮少被考慮。這些注入式的教學，安排得死死的，貶抑了創意和自由思考的天性。這樣的教育，使學生無從在教育中看出希望或愛好。他們除了重重厚厚的書包、一張張的考卷和成績單之外，看不出什麼學習和成長的喜悅。

我們的社會跟學校也一樣。人們在工作之外，似乎不懂得休閒生活，如果有也是刻板的、僵硬的。比如說，人為了完成登山而登山，為了「應該」郊遊而外出，把休閒當作工作來做，結果總是精疲力竭，甚至興趣索然的回來。其實登山、郊遊、拜訪朋友、看球賽、聽一場音樂會，都是休閒，應該是生機盎然的。但是由於刻板的習慣，人們一直感受不到它的可愛，看不出它的美。至於另外一種人，不知道休閒是何物，而把自己囚進煩惱的牢籠，愁眉不展，牽腸掛肚，那就更品觸不到開悟的生活。

家庭是生活中最重要的一環，你是否只把它當做寄居的旅店，是否只把它當做不得不回來睡眠的窩？是否只把它當做是一本難念的經？如果是這樣，家庭的美和情趣一定被你折損了。你要用開悟的思考，把家庭生活安排得生動，有歡笑，有逗趣，能寬容、能欣賞，家庭才變得溫馨。

家庭成員，最忌諱以自己的刻板印象彼此互相批評。許多夫婦為了穿著、生活習慣、語言、宗教、教育子女、開支等等相互批評。他們刻板的堅持己見，而不願意相互尊重。結果，把許多生活情趣完全抹煞。

開悟思考，就是從刻板與成見的繭中走出來，離開「井中蛙」的世界，發現無量無邊的精神生活「法界」。你一定聽說過「佛法無邊」這句話，只要你願意從刻板的習性中走出來，必然會看到那不可思議之處。唐朝趙州禪師答覆弟子問道時說：

「放下！」

多麼言簡意賅的回答。人們因為堅持己見，所以聽不到別人的建言；為了一己的私利，才看不到富裕；只注意自己的立場，就失去莊嚴的態度。

與人相處的障礙在自己有成見，研究學問的障礙在食古不化，道德情操的難處在於拘泥規範，情感悅樂的盲點在愚癡執著。若能透過開悟思考，一時將成見、規範和執著統統放下，就能真正張開眼睛觀察，以清新的態度待人接物，生活的創意也就展現出來。元興大浪禪師說：

隨流始得妙，
住岸卻成迷。

透過開悟思考，能在觸目遇緣中，有著清新的感受。一般人煩惱塵重，看到花落的景象，並沒有什麼反應，但是詩人卻能感受到「春去花更香」之美。再說，幾朵不起眼的花草，一到藝術家的手裡，可以插成蒼勁秀麗的盆花。一個有禪趣的人，總是在平凡的生活中，看出優美的人性與情趣，在普通的工作或事物上，流瀉出創意，不時有清新脫俗的發現。

一般所謂的創造，是從驚奇中發現出來的，事實上科技就是人類對事物發生驚奇的產物。驚奇是開悟思考的結果，它是一種開解與發現，而不是限定與規範。換言之，愈是設下規範，就愈把自己囚住；越多的禁忌和迷信，就越不容易開展智慧。

把孩子管得太嚴，每天只讓他在學校和家庭之間往返，而沒有提供開闊的視野和生活體驗，這跟在牛棚裡飼牛沒有什麼兩樣。配偶的一方把對方約束得唯唯諾諾，這對夫妻，怎麼樣也享受不到活潑的情愛。禪門總是說：

枯木花開。

如果不是把既有的習性破除或放下，又怎麼能看出生機呢？如果不把種種枷鎖放開來，怎麼會有「藍天不礙白雲飛」的自由心靈呢？

創意不是游手好閒和不學無術的人所能觸及的。人若沒有經過一番學習，吸收別人的經驗，很難孕育出深邃的智慧。因此，無論你要做什麼事，都要痛下苦功夫，從吸取經驗到發展智慧，兩者必須並重。禪家說：

胎中童子眉如雪。

創意的背後，有著九流十家的豐富知識，而且是長遠努力和證驗的結晶。不過，開悟的思考不是用所學過的知識來看問題，而是用它的紘外之音來發現個中的新奇。宋朝道隱禪師的弟子「請老師給我個指南」，他說：

妙引靈機事，
波澄顯異輪。

真正的創意不只是創造者本身的知識經驗，還需要心平氣和的悠閒，才有清新的創意。我們的社會普遍呈現著擾攘的現象，人們偏愛在膚淺的批評中相互攻訐，而不願深入探討，以釐清事實。波濤洶湧的輿論，把整個社會弄得心浮氣躁。在這種情況下，開悟與創意的經驗漸失。因此，我們的社會性格變得輕浮，智慧的抉擇被常識判斷取代，而陷入非創意生活的泥淖。

民主自由的社會，當然要重視民意，它是施政的重要依據和指標。但是民意只是一種意見，通常它以欲求的方式表現；它必須透過創意思考與分析，才可能做出最好的決策。意見是盲目的，特別是在輿論自由的地方，意見可以透過廣告和宣傳而擴大或扭曲。因此，做為一個企業或政府的決策者，一定要分清意見和事實，並透過開悟思考，看出決策的希望。

開放的經驗

創意的產生，須從開放的經驗開始。所謂開放的經驗，是指以平等心，如實的接納各種經驗。換言之，如果人能以無私、無偏見，不受情緒影響，敞開心靈去接納各種經驗。便能真正做到「無是無非，無善無惡」，以心平氣和來接納各種意見，觀察種種事物。

我們在生活中不停地接納訊息，據以正確判斷和回應外在的情境。如果我們先有了防衛機制，就會把外來的訊息和經驗加以扭曲，甚至把它排擠於思想之外。比如說，自己對別人有了敵意，對方所作的善意，即可能被扭曲為惡意。每一個人都有自己的心境，心境影響事物的認知，故云：

心隨境轉。

就拿防衛機制的文飾作用來說，它是為了維護自己的立場而以動聽的理由來代替真理由的現象。比如某甲不善於交際而害怕交際，卻又給自己一個好理由說，他喜歡獨自在家裡比較安靜。他不斷拿這個理由來婉拒別人的邀請，把參加交際活動的機會抹煞，而使他愈缺乏交際的經驗，更害怕交際。社交的希望也就斷送了。

投射作用也會阻礙心智的成長，當一人有了錯誤或缺點，卻把它諉諸於別人身上。家庭生活中，最常發生的問題是公婆和媳婦互把過錯往對方推，用以防衛自己。結果總是忽略了改正自己的缺點，而又觸怒了對方。家庭生活的創意盡失，成天處於敵意和衝突之中，要想締造和諧家庭的希望就渺茫了。

壓抑也是一種防衛，人若把某些情緒經驗壓抑下來，或者想把它遺忘時，所壓抑的痛苦經驗和情緒衝動未必消失。它可能成為潛意識中的一種情結，一有機會即可能以有害的形式出現。許多精神上的症狀，就是因為壓抑而引起的。壓抑不但容易造成精神疾病，而且也因為不能充分認識經驗，而使創意和心智得不到開展。

開放的經驗是指能敞開自己的心胸，去接納和面對所經驗的種種事物。你不要被榮辱所限，而不敢張開法眼去看清楚；更不要被是非成敗所威脅，而關閉心扉，作逃避之想。禪宗《心王銘》中所說：

面門出入，
應物隨情。

人只有在沒有防衛的時候，才讓所有的經驗自由出入於心中。只有在沒有憎愛的時候，才可能看清那些訊息和經驗的本質，這就是清醒。有清醒才有創意，才有希望。

在生活中，顧忌越多，創意就越少；慾望越重，創意便無從施展。人若毫無顧慮，那就容易蠻幹，但是遷就層面若複雜，則創意的思考早已夭折。你必須保持開放的心靈，像閒著無事一樣，才能「胡來胡現，漢來漢現」，也才能做到臨濟所謂的「無事是貴人」，無事的開放，才能看出貴人般的希望。

內在的聲音

創意往往來自內在的心聲。一般人只能聽到別人的意見，被外來的意見所左右，卻聽不到自己內心深處所發出來的啟示。基本上，個人若一意追求別人的稱許，規避別人的批評，內在潛能就會被壓抑下來，創意也就胎死腹中。因此，一個肯定性較好、內心比較安定的人，創造性也比較高。禪門把這種肯定內在心聲的態度稱為「作得主人」。唐朝瑞嚴彥禪師經常呼叫自己「主人公」，然後自己應喏，無非是為了提醒自己，靜下來聽聽內在的心聲。禪家常說：

讀經看教，
言語婉轉總歸自己。

無論是研究學問，學佛證道，都得歸宗於自己的心聲，而不是別人的臉色。當然，學習任何學問，初期一定要多方面琢磨，多聽別人的意見和指正。但是，當自己要獨立生活，或獨立創作或研究學問時，就必須有好的肯定性，才能把內在的心聲或潛能轉化為創意。

所以，做決策時，先要平心靜氣去聽別人的意見，去蒐集資料，去接受別人的批評和指正，並進行討論。你要仔細聽各種不同的聲音，記下來，並親自一再分析這些資料。然後，你要有一段時間，把它推開，離開它，不去思考它，讓自己入於「空」的心境。這時，內在意識的創意，自然行動起來。它是在你不去想它，不去煩心，不去擔憂時開始工作。當它自然孕育完成時，創意會浮現出來的。

遇上抉擇困難時，要聽聽內在的心聲；碰上苦無對策時，要聽聽自心深處的訊息。日本已逝的大企業家松下幸之助就經常採取這種方法，甚至每一個週末，他都要有一段時間靜默，培養自己的創意銳智。《維摩詰經》中談到：

一默如雷。

請注意，在沉默的時候，才是創造力開啟的時候。

中國禪宗到唐朝中業臨濟義玄時，對於般若智慧的開啟方法，有了更徹底的見解。有一次，臨濟的老師黃蘗吩咐侍者去拿百丈先師的禪板來，要把這些象徵禪法的證物傳給他。可是，臨濟卻對侍者說：「請拿火來。」

這時黃蘗叫道：「不必了，只要有他自己就夠了，他以後坐斷天下人舌頭。」

臨濟禪師拿火要燒的正是那些外在的意見和教誡，他從學習到創造，自己都已作得了主。黃檗禪師也深知這位學生已經發現內在的自己，能聽到自己的聲音了，所以說，只要「他自己」就夠了，無需依賴外在任何東西，他已能獨立思考，能坐斷天下人舌頭，看出光明的希望。臨濟還有一句話說：

諸方火葬，
我這裡活埋。

他所揭示的就是要從死的資訊中解脫出來，火葬也好，活埋也好，真正重要的是自己心中「無位真人」的心聲。他為了強調破除一切煩惱障和所知障，告訴弟子們：「道流！你欲得如法見解，但莫受人惑，向裡向外，逢著便殺，逢佛殺佛，逢祖殺祖，逢羅漢殺羅漢，逢父母殺父母，逢親眷殺親眷，始得解脫，不與物拘，透脫自在。」

臨濟這段話，常被誤會為殺佛殺祖、殺父殺母的叛逆思想。事實上，殺的意思是剷除，在自己做抉擇的時候，要剷除任何干擾，即使是佛祖、父母這麼位尊的人來說情設誘，也置之不理，這才不會被惑，才有創意，才有希望。

我們的社會，很講私情，屬於創意的公理不張。做為一位政府官員，如果不擺脫民意代表的關說和壓力，就難以發揮智慧，為民服務。而另一方面，如果民意代表不捫心自問，靜聽內在良知的呼喚，則為民喉舌的聲音，不免成為自我迷失的嘶喊。禪家常說：

達摩東來只為尋個不被人惑的人。

只有那不被成見所惑、不被色相所欺、不被物慾所蔽、不被權勢和煩惱所障的人，才能聽到心靈深處所捎來的消息，那就是創意和希望。

靈機一現

創意的靈感是怎麼來的，希望的曙光是怎麼出現的，含糊籠統的說法是頓悟。然而，頓悟又是什麼呢？頓悟看是剎那間的一種領悟或發現，但就過程而言，可以解釋為從一個或多個現有的觀念，突然移接到一個待解決的問題上面，發生併列，而有了新的發現。這個嶄新的創意也許可以建立自己的人生觀，解析一項重要的科學研究，解決一個文學或藝術上的難題，或釋懷心中的煩惱重擔。創意有時也可能是一個幽默、笑話或者一個情趣。頓悟是不分大小、無分對象、沒有時間或環境限制的，但它的本質是創意。

唐朝香嚴智閒禪師，是在菜圃除草時，無意中拋丟瓦礫而擊中竹子，發出清脆的聲響，因而悟道，貫通了佛理，直滲自己的心底。我認為，那擊石聲只是一個媒介，他把當時心中所思想的問題和一些已知的經驗，突然併列而有了新的發現，豁然省悟。這看似簡單，但它的內在心理運作，卻非常複雜，他只用幾句禪詩說：

一擊忘所知，
更不假修治，
動容揚古道，
不墮悄然機。

這一首詩偈只是他自己悟道的答案，卻不是共同的悟道方法或過程，因為，輪到我們自己以石擊竹時，卻悟不出個什麼。因此，任何一個頓悟，都是主觀的，是不可能用語言文字把那內心運作的過程說得明白，因為那是一種個人的內在經驗。

不過，我們可以理解到，觸發靈感時的移接或併列，是在個人潛意識裡，進行一項選擇。這選擇是開放了外在與內在的經驗，在極有彈性的關係下，自由地嘗試進行，而決定性因素卻是自己當時的感受性。

當一個人發現創意時，不只解決了他所面對的問題，同時他的心靈也起了很大的變化，也許是一種喜悅，因為那是從平凡的已知，看到一個神奇的新知，所以唐朝洞山禪師在悟道時說：「我豈敢說不高興，我高興得像在拉圾堆中撿到明珠。」

其次，頓悟也會給悟者帶來鬆弛和自在。這也許是由於內心求知的張力得到釋放，所以有氣定神閒之感，故云：

昨夜一聲雁，
清風萬里秋。

而臨濟禪師悟道時，才覺得原來如此，他說：「原來黃檗的佛法只有這麼一點！」

當一個人從一個已知的現在，突然跨越到另一個未知的情境時，確實有一種解脫的感覺，而他所解脫的正是未開悟時的困頓與煩惱。所以，創意本身就是一種喜悅。

最後，靈機一現所發現的創意，必然想要跟別人分享，那時確有不吐不快的感覺。人之所以願意把自己的創造跟別人分享，正是大乘佛教的菩薩精神。做為一個禪佛教的悟道者，一定要下山來弘揚大教，不正是很自然的流露嗎？

人就在這靈機一現時，成就了種種喜悅，也肯定了生活的意義，所以唐朝法眼文益禪師說：

萬象之中獨露身。

我們隨時隨地都可能悟，都可能發現令人喜悅的創意，而活得真實、喜悅和充實。這創意正是自我肯定的希望。

安靖中創造

創意的思考，不但能解答我們的疑問，同時也是促進人際關係、培養幸福人生、提高生活情趣的必要途徑。創意就是生活的道，也是生活的希望和曙光。任何事物，經過醒悟都可以變得美好，甚至在屬靈的宗教生活上，也只有透過醒悟才能產生虔誠的正信。禪家所重視的是：

悟法傳衣。

這意味著只有透過清醒的創意，才能發現正信和真理，才能張開法眼，看出十方法界——圓融的精神共同體。只有徹悟的人，才能接受傳衣，才真正得到心傳。

這悟法傳衣的醒悟，是否有一定的軌跡可循呢？是否在特定情況下，較容易產生悟的心理活動，從而看出希望的曙光呢？禪門對於這一問題似乎非常重視，而所關注的重點似乎就在於心安，一種安全感的培養。我稱它叫「安靖」，它具有安全感和冷靜或鎮定的意味。

悟法或創意並不是用強迫的力量所能激發出來的。它是在綏靖的心理狀態下，主動流瀉出來的。因此，人們必須保持適當的心理環境，才滋潤創意的萌芽。這個心理環境就是安全感——一種安靖的狀態。中國禪宗第二代祖慧可，在未悟道時對達摩說：

「我心裡不安，請老師替我安。」

安全感不夠，顯然無從承擔醒悟前的疑惑和壓力，也展開不了大悲大願的氣度；缺乏安全感的人，也絕不敢在醒悟之後，對真、善、美作一番矜持。唐朝的巖頭和雪峰兩個人是師兄弟，他們一起行腳來到湖南鼇山，兩人觸及見道的問題時，雪峰指著自己胸口說：

「我這裡還不夠安穩，怎敢宣揚大教，自欺欺人呢？」

安全感和穩定的心理狀態，如果沒有培養起來，是不可能悟道發慧的，是不可能有創意、有希望的。

培養安靖的心情，就是禪門中漸修的重要課程。唐朝法融禪師，庵居周圍，唯見虎狼之類，這表現了他的安靖之功，感應禽獸相安而居。人也是一樣，一定要與別人活在相互信任與安全感之中，才能在生活中發慧悟道，否則防衛機制一起，所有的創意就被焦慮不安所破壞。怎樣才能培養安靖之心呢？

- 要接納自己，喜歡自己，肯定自己的意義與價值。
- 避免用別人的評價來干擾自己。評價未必是事實，而是別人的好惡，如果它干擾了你的判斷，就是被境界所牽，自己就會迷失而失去創意和覺性。
- 要有同情心和同理心。若能以慈悲心來看人，就能了解別人、同情別人和接納別人。當自己與別人不存對立狀態時，自己的肯定性隨之提高，從而產生真正的創意。

人是在肯定自己和接納自己時，才會散發安靖的感覺。人必須知道自己是無可逃避的，除非能接受並承擔現在的一切，否則不可能看出生活有什麼樂趣。除非你能肯定自己，把唯一獨特的潛能發揮出來，在生活中產生創意，否則就注定不快樂。每個人都有優點，一定要懂得賞識自己，知道給自己打氣。當然，也要看出自己的缺陷，知道怎麼避免錯誤，勇於改正。

具有肯定性的人能對自己的創意思考加以堅持。他有信心維護真理，不被批評、輿論和閒言閒語所動。發明電報的摩斯（Samuel Morse, 1791-1872），在研究初期，別人批評他是可笑的呆子。哥達德（Robert Goddard, 1882-1945）在發明火箭時，被譏作瘋子。發明飛機的萊特兄弟（Orville Wright & Wilbur Wright, 1871-1948, 1867-1912），被家鄉的人批評為頑劣的傻瓜，但是他們有著強烈的肯定性，他們都成功了。

許多人都認為毅力使一個人成功，這當然有道理，但卻很少人注意到，毅力是安靖的產品。安靖或安全感不但孕育了創意，也引發了毅力。安靖的態度是人生中最美的特質，你一定要自我訓練，特別是對幼年和童年的孩子，要給予安全感。請留意，缺乏安靖的毅力只是一種猛勁，有時還脫離不了頑固和僵化。

安靖給人機會孕育信心、智慧、創意和人生的希望。我們的國民教育並不重視學生的安全感。許多學生在成績或師長的威嚇下讀書，一班之中難得有幾位學生是自動學習的。這似乎是一個惡性循環，師長越是採取壓力催促，學生就越失去自治能力。這樣的教育，使得學生在學習上看不出興趣，無從產生信心和主動學習的態度。

有校長跟我談起現階段的一些教育問題時說：「許多家長以為教育就是學生的成績單，成績好就高興，低落就要受責備，甚至被羞辱一番。事實上，教育的本質是給予學生信心和啟發，引導其心智不斷的成長。」

每當家長出示他們子女的班級成績單時，總會看到一些孩子的成績在三十分以下，甚至只有十幾分的。我首先想到的是：這些學業上低成就的孩子，是否在別的方面得到肯定？是否已經得到必要的補救教學？是否在人際關係、群育、德育或體育上找到成就感？否則，這些孩子是否會覺得空虛、無奈、徬徨，甚或自暴自棄？而成為現代的新書僮，只是來陪伴別人讀書？想起這些事情，則不免令人擔心。

其次，影響個人安靖、破壞個人創意與希望的另一因素，就是在意別人的看法。人只要處處怕別人批評，感情和思想就不屬於自己，而成為別人的奴隸。心理學把這種向外尋求價值的人叫外控型的人，而外控型人格的缺點就是容易迷失。他們的創意總是在疲於爭取外在榮耀和肯定中消失。唐朝神秀禪師揭示弟子，如果自己不斷往外尋求，就會迷失本有的醒悟本性和創意，他說：

一切佛法自心本有，
將心外求捨父逃走。

人不可以仰賴別人來肯定或評價自己，只有能自己作評價的人，才能看出希望。禪門常教導弟子在受到毀譽時，輕輕的告訴自己說：

「不睬它！」

但是對於別人的指正和教示，卻又誠心的說：

「信受奉行。」

不理睬別人的品頭論足，使我們自由心安。對於別人的指正信受奉行，能使自己智慧增長。這就是生命成長的希望。

最後，同理之心使我們能接納別人、了解別人。在彼此接納之中，產生安全感。這使得人與人之間的情感交流，無所畏懼，意見的溝通沒有困難，創意的表達有信心。許多夫婦不知道相互體諒，不能以神往的心情將心比心，所以有了許多誤會、顧忌和防衛，甚至因為彼此不能諒解，平添諸多舊愁新怨。家庭成員的相互信賴，可以產生輕鬆的情趣，孕育彼此的互愛，激發生活的創意，所謂「家和萬事興」，生活在較多安全感的家庭，不只幸福，而且有好的創意，達摩在他的《大乘八道四行》中說：

安心無為，

形隨運轉。

心裡安靖的人，無需起心作偽，用種種防衛機制來維護自尊。這時，無論你做任何事情，都會有正確的判斷和思路，光明的好運就呈現在眼前。

自由神馳

人如果能在無拘無束中自由思考，就會產生較高的創意。比如說，教室裡的幼童，若給他們自由作畫的機會，就會表現出許多創意。也許狗的頭畫得太大，腳掌畫個汽車的形狀，看起來有些怪模怪樣。但是，仔細聽他解說，他會告訴你：頭部最重要，所以要畫得大，狗兒跑得快，所以腳掌要畫成汽車模樣。這樣的畫雖然不像實物，但是孩子卻是在創作，而且畫得比實物更真實。

在企業界的辦公室裡，為了激發同僚的創造力，他們採用了腦力激盪會議：讓每個人對一個待解決的問題神馳遐想，提出他們的想法、建議和發現。彼此不作批評、不作討論，只是把心中想到的說出來。由於每一個人都無忌於是否可行，不擔心被批評為幼稚和不切實際等等。所以所提的點子具有高度的創意。接著，他們把這些點子，加以整理、討論、進一步研究，而成為一個具有創意的決策或新產品。唐朝牛頭法融禪師在《心銘》中說：

一心有滯，
諸法不通。

人若有顧慮、私慾、成見和偏見，自由的心靈就被滯塞了。因此，只有懂得「無心用功」的人，才能以自由的心智（無心），去面對種種挑戰（用功），開拓生命的希望。

心靈的自由與禪家所謂的「自得心開」是一樣的。心地開放的人，能主動引發感受性、觀念的移接，並發現新的意義。因此，自由的神馳有助於創意的展現。

不過，自由絕非為所欲為，也非不接受社會規範的約束。一個被激怒而動以暴力的人是不自由的；同樣的，貪婪於物慾的追求，也是不自由。心靈的自由是人類覺性和創造力的根源，它即是希望的本身。

希望不是貪婪，不是慾望，而是一種自由的心智。透過它，我們有了創意，看出自己的目標，發現生活的意義。每一個人都要學習開悟，涵養開悟的經驗，這樣才能聆聽自性中智慧的心聲，在平靜的心境下，透露希望的訊息。人必須天天心懷希望，當然也要時時踏尋希望的線索，因為只有透過這些線索，才能一探希望的禪機。

希望與陷阱

叁

聽！那迷失的嘆息，
透露著沒落權貴的哀傷。
看！那匱乏蒼白的貪婪，
投射著股市長黑的疑懼。
瞧！那困頓的眼神，
坎坷在浪漫多慾的懸崖，
化作癌症病房的呻吟。
在危機四伏的道上，
請聽聽：
地藏菩薩的呼喚，
眾生啊！
切勿踩上貪嗔癡的地雷。

看出希望是精神生活得以提昇、情緒得以淨化、創意得以展現、困擾得以解脫的一種心理過程。我們透過悟的心理運作，看出豐富的意義，看出生活的價值，從而流瀉純真的情感、思想、認知和創造。它就是希望的本身。希望有線索可尋。現在，我們要闡釋發現希望的過程中，存在的種種障礙和陷阱。

你若想擁有和諧的人生，心懷光明的遠景，解脫不必要的心理困擾，就必須小心避開一些陷阱和足以導致迷失的因素。

禪家認為人之所以失去智慧，是因為心中有了種種刻板的意念。也就是說，你被「蘊」這個陷阱，牢牢的牽誘住，它像一片黑雲一樣蒙蔽了你，也像一個捕獸器一樣，把你緊緊地套牢。什麼是蘊呢？蘊就是你用五官去蒐集回來的一切色相（色），自己心中的一切感受和情感（受），以及處理這些情感和資訊的思想和邏輯（想），反應的方式和行為（行）、知識和意見（識）。如果你被這些蘊緊緊的套牢，就只能活在自己的小世界裡頭，為小小的成就沾沾自喜，看不到江河般的大智大慧；也會為一點小小的不如意，而鑽牛角尖，痛苦萬分。因為你的心智和情感是狹隘的、有障礙的、膚淺的。

我們很容易把自己的意識和意見，用一個籬芭圍起來，跟別人劃分得很清楚：一方面排拒別人的心意，一方面固守自己的愚見，而形成強烈的蘊。它導致我們不能對事物開悟，不能展開心理生活的寬裕，不能看出更豐富、更高層次的精神世界。現在，我們來討論牽絆現代人心靈智慧最大的識蘊和陷阱。

倫理意識的薄弱

人類的心力動能，就像滾滾的江河洪流，如果缺乏河道，便會四散奔流，造成大的災難。倫理正是這心靈世界的河渠，有了它，人類才能孕育文明，做到禪家所謂的：「我心裡國泰民安。」

倫理不是拿來約束自己，而是導正自己。不是限制自由，而是讓自己真正的自由。不是要自己拘束起來，而是引導我們在精神生活上真正的活潑，產生智慧和能力。

現代人把傳統的規範視若敝屣，生活漫無章法，沒有規律，以致失去互相信任的豪氣，失去互相尊重的和氣，失去肯為自己負責的情操。現代人不斷的發掘各種不同的價值觀念，創造目不暇給的物質享受，陶醉在尋歡的娛樂。但是陶醉之後，卻又覺得空虛，沒有什麼可以依賴的和真正快樂的。這時，蟄伏在心中的弱點，就猙獰可怖的表現出來。佛家說：「注意你的心魔。」

一切魔鬼都因為心中沒有倫理，有了弱點，才乘機侵襲你，令你產生錯誤的判斷，陷入迷失和錯誤。最後，被那頭潛伏在心中的古獸吞噬。

這是一個追求自由的時代，追求無拘無束的生活。但這並不表示我們可以不需要倫理，因為沒有倫理的人必然迷失。

我們已將傳統倫理遺棄，應該更自由才對，但觸目所及，一般的人似乎更孤獨、更冷漠、更缺乏堅強的意志去面對挑戰。我們失去忍耐的美德，代之以輕浮。失去主持公義的勇氣，卻以苟且鄉愿來縱容惡徒。目前所謂的自由個人主義，卻把彼此相連的安全感完全的破壞。這誠如羅素（William Russell, 1872-1970）所說：「現代的自由人是痛苦的。」

再說，勤勞和恬淡是中國人傳統的倫理規範。它一方面孕育個人的成長和堅強，一方面給我們知足和富裕的快樂。這種倫理是很能符合心智成長和心理衛生的。但是，短短的四十年之中，我們卻把西方的消費觀念，作了誇大的渲染和吸收，養成了貪婪的邪惡習性。最後，貪婪和自由結合成為一種混淆不清的觀念，形成了既貪婪又縱慾的風氣。結果，在商業行為中，投資變質為投機。在政治活動上，協調變成欺騙。群策群力的政黨活動，卻變成狹隘意識的傾軋。我們雖然自由，卻看不出什麼希望來。

貪婪與浪費可能是現代人最嚴重的問題。為了滿足一時的慾望，股票市場變成了賭場。被套牢的人正在失望的同時，那些賺到暴利的人，卻正在揮霍無度，這不是迷失嗎？其次，高度的消費，也使得環境變為垃圾山；森林因過度砍伐而荒蕪；河川更是污染嚴重，我們不愛惜生活的環境，就等於不愛惜生活的本身。

責任感似乎已被一般人淡忘了。責任這種能使弱者強、而壯者弘毅的倫理，一旦從我們的意識行為中消失，即刻會發展成「軟腳蝦」的懦弱。強者，當然不是蠻橫不講理，而是有責任感，有意願把工作做好，有勇氣堅持崇高的原則和理念。

曾有一位哲人說：「真正的勇氣，不在於勝過他人，而在於克己。」你能克服別人對你的冷言冷語，才能維持和信守你的責任，專心工作和進德修業。你能寬容別人的攻訐，才能平靜的發揮潛能。因此，只有懂得避開旁生枝節的阻撓的人，才是真正有勇氣的人。

倫理是一種自發性的能力，而不是一種外與的信條。它是從學習中得來，透過明白事理表現出來的道德行為。道德行為可分為兩種：恐懼的道德和希望的道德。

恐懼的道德建立在懼怕上。人為了避免受罰，做出道德行為，本質上只是屈服於權威，害怕報應，而把內心的衝動加以抑制，所抑制的東西，包括個人的智慧在內。所以用恐懼來建立道德規範，是一種反倫理的作法，因為這樣的行動，畢竟沒有學會判斷，反而造成更多心智上的壓抑和負擔，而倫理的積極意義也就不存在了。

有希望的道德則不然，其作用在於開創較好的自己，用智慧解決生活中一切事務。

懷有此項道德的人表現出的負責和尊重是為了慈悲、成長和創造。他的毅力和勇氣，是為了發現更自由、更能免於憂愁和徬徨的侵襲。

現代人似乎正陷入倫理生活上的難題，其一是失去倫理的能力，變得徬徨和軟弱；其二是迷失在恐懼的道德之中。處於怯弱不安的絕境。這兩種現象，已使年輕人的豪氣大打折扣，更嚴重的是表現出游手好閒或蒼白的人生觀。結果，情緒障礙的心理症患者不斷增加。無所事事、缺乏責任感的潰敗者，正發出無奈的呻吟。

缺乏倫理的能力，使人的野性不受控制，當慾望被觸動時，本能便以直接的方式去攫取，那就是偷、盜、搶和詐騙。當這些野性受到阻礙時，即刻化為暴力。

現在該是重建倫理的時候。要在家庭生活中實踐它，在學校生活中教育它；要用身教來示範，也要透過生活的體驗、認同和討論來了解它。

恐懼與不安

對精神生活戕害最大的不是匱乏，也不是失敗和挫折，而是長期的恐懼和不安。長期的懼怕可以把人貶抑為虛偽，把情緒弄得焦慮不安，把自己的莊嚴變成卑怯。它不但會破壞個人的肯定性，影響禪定的生活，甚至干擾和扭曲正常的認知判斷。

心理分析學的研究指出，長期的懼怕和擔心，對心理健康的破壞是很嚴重的。許多心理症是由長期的懼怕引起的。一般而言，長期懼怕所造成的焦慮，很容易造成一些幻想。懼怕往往形成一連串內在的心理對話，那就是白日夢了。如果白日夢嚴重到脫離現實、自言自語，那就是精神病了。

教育上，一般人經常使用威脅、體罰和疾言厲色對待孩子。相信透過恫嚇，可以促成他們用功和聽話。老師和家長更利用恐懼來告誡孩子，並透過彼此的強烈競爭，來引發他們用功。結果，讀書似乎不是為了求知的樂趣，而是為了打敗別人。而經常挫敗的人，再也不願意讀書，因為讀書給他的經驗是懼怕與痛苦。另一方面，成績比別人高的學生，在畢業之後，對讀書也覺得索然無味，因為他並沒有培養讀書的興趣。這一來，求知的希望就蕩然無存了。我想，讀書風氣所以偏低，可能正是這個原因。

恐懼的人，通常對於新奇、刺激和危險的東西，有著逃避的傾向。他們對於新的工作、娛樂方式，甚至文學藝術，都會排斥。他們排斥的理由是懼怕，因為新的東西具有危險性和挑戰性。

事實上，人類在進化過程中，已經養成了冒險犯難的習性。就正常人而言，如果沒有一點新奇和冒險，便會覺得生活平淡乏味，特別是年輕人最為明顯。他們總愛參加登山、海濱衝浪，冒一點險來尋求樂趣。如果把這種追求新奇，轉移在學術研究、大自然的探究、運動技能的磨練、生活技能的學習等上，無疑地，將會化作強大的主動性和樂趣。反之，如果採取死板的生活和刻板的教條，青年人就會變得厭惡學習。在此情況下，即使威脅他、逼迫他，學習的效果也是有限的。

恐懼不但使人失去主動性，失去純真，同時也使人失去道德勇氣。懼怕和膽怯，只會把自己拘束起來，內心卻又對別人的成就嫉妒。把話藏起來，自己卻又因為有話沒說，而覺得委屈。懼怕使人不能合理的伸展莊嚴的個性，壓抑自己而偷偷落淚。人類透過恐懼而作出許多愚行。

過去，人由於懼怕無常變化的環境，所以才對周遭的事物權威化和神化，自己變得更卑順、更害怕，以致不能張開自己的眼睛去看個清楚，這就是迷信的起源。我認為迷信的行為是一種經由懼怕所引起的精神症狀。恐懼所造成的罪惡和痛苦是明顯的。禪家說：

愚迷造罪。

陷在恐懼中的人，是很煩惱的。有人懼怕世局的動盪，而心懷極大的不安，所以要脫產移民，到了國外卻又適應不良，再生一層恐懼。終其一生都在逃亡，全家都在流浪，這就看不出生活中悅樂的希望了。

人也會對人產生恐懼。一個不能愛人和不能信任人的人，心裡必然存著一種莫名的懼怕。他害怕別人侵害他、佔他的便宜，更嚴重的是害怕別人看不起他。我相信越是無能的人，越怕別人看不起他。如果別人不慎對他有了侵犯，便會做出各種無情兇惡的反擊。這種因懼怕而發生的猜忌攻防，足以破壞人際間的溫暖和和諧。佛家的基本態度是：「只有雄渾的自在，才能孕育慈悲。」

人若活在懼怕之中，就會失去智慧和慈悲；若活在恐懼的陰影下，就永遠看不出自在的希望。所以，懼怕的心情只會使人的尊嚴萎縮，而不能伸張真理。

伸張真理不是用恐懼的怒吼，而是用人與人之間相互共鳴的慈悲力量；尊嚴的生活不是建立在統治和使喚上，而是相互寬容的扶持。因此，人只有在不懼怕的情況下，才有尊嚴。人因為懼怕與不安，所以要囤積財物，張揚名聲，嫉妒別人，中傷別人。所以說：「懼怕產生自私。」

人越是懼怕就越顯得非理性，越是自私就越偏離人道的立場。人世間無窮無盡的鬥爭和人禍不是天命使然，而是懼怕與自私造成的。

懼怕的人不敢跟別人真正的會心，他沒有親密安穩的自在感，也缺乏純真的相處態度，只想操縱人際關係，而不願創造人際關係。在需要別人的時候，他走了過來，不需要的時候，就悄然離去。他們看不出人與人之間，存在著友愛的希望。

懼怕有時也會反過來朝向自己。孤獨的時候，人們怕跟自己相處，而產生不安和無奈。於是，要設法陶醉，要用種種麻醉的手段來逃避。懼怕跟別人來往的人，會造成孤獨冷癖。懼怕自己的人卻會埋怨自己、卑視自己。

懼怕，障礙了人類清醒的心智，是人類幸福生活的陷阱，是導致心智迷失的重要原因。人類提高精神生活的首要工作就是消除懼怕或恐懼。

學佛是提昇精神生活的妙法，佛教徒透過對佛的感通，而滌除心中的懼怕和弱點。在念佛拜佛中得到佛的護祐和啟迪。在自己脆弱的時候，虔心的念佛。特別是綿綿密密照著念佛的音韻，虔誠的聽著、念著、和著、唱著，會得到一種特有的寧靜，漸漸安定起來，自在起來，堅強起來。透過念佛可以洗淨自私和懼怕，培養清淨雄渾的定力，自然從自性中流露出智慧，從中看出希望。《六祖壇經》解釋念佛時說：

心淨，
佛土淨。

虔心的念佛，不但得到佛的護持，更重要的是淨化了懼怕，產生清醒的自在感。

此外，人類天生有許多弱點，他需要飲食、保暖和安全，如果中斷這些給與，就面對死亡。同時，他必須面對天災、人禍、外來的侵襲和疾病，如果不能克服這些難題，也會面對死亡。無情的挑戰，養成了人類戒慎恐懼的心理，這種「臨事而懼，好謀而成」的心理情結，正是人類不斷進步、保持醒覺和福慧增長的原因。因此，適當的懼怕或恐懼有利於生存與成長。反之，若恐懼變成了長期的焦慮，而成為一種病態行為，那麼恐懼就失去它的建設性，成為有害的情緒力量。它干擾情感與思想的正常運作，破壞幸福悅樂的生活。

盲目的自大

每個人心中都有一個自我，都希望別人認為自己好，自己比別人高明，需要別人的尊重和禮遇。如果受到批評，便會起來捍衛，受到褒獎就會得意快樂。

自我是非常脆弱的，稍稍一點打擊就像淌血一般痛苦。因此，每個人都在努力維護自己的自尊，甚至要刻意爭取別人的讚賞和羨慕。我敢說，人類的精神生活，絕大部分是圍繞在維護自我這個主題上，但是為了自我，卻扯出無窮的糾紛、痛苦和無奈。

《俱舍論》上說：

為我執故，
有煩惱。

人為了設法抵制外來對自我的貶損，必須反擊別人的批評，文飾自己的過錯，以虛偽和撒謊來袒護自己免於受傷。自我意識越強，執著的現象就越嚴重，抗拒外來的批評也越激烈，虛心接納別人意見的可能性就越低。

自我是很主觀的，有時一句無關痛癢的話，在主觀的情緒慫恿下，可能產生嚴重的反應。家庭成員的糾紛，因為雞毛蒜皮小事而引起，夫妻在閒聊中起了衝突，朋友在玩笑中老羞成怒，反目成仇。人世間的許多仇恨，都因為自我的敏感和神經質反應，相互推波助瀾所形成。

人類最大的悲哀是背負著既沉重又脆弱的自尊。人為了維護這個脆弱的自我，通常採取自我膨脹的方式。在言語中誇張自己的本事和能力，給自己戴上美麗的面具，編造一個美麗的謊言，透過這些謊言，可以滿足自己的缺陷，提高自己被羨慕的可能性。結果，每天都在為維護自尊和面子疲於奔命，煩惱苦思。生活漸漸從真實面走向虛偽，時間一長，連自己本來的面目也遺忘了，那就是迷失。佛經上說：

傲慢，
起諂曲心。

人若活在虛妄的心理世界裡，把自我膨脹到連自己都認不得時，便背叛了自己。而自己也就成為諂曲別人的工具，那又何其空虛、何其茫然呢？

人若不能自我肯定，自我接納，去過實現的生活，而一味想追求別人來肯定自己，是一件痛苦的事。因此，採取向外追求肯定和虛偽的自我膨脹，而想要獲得自心的安穩，是注定要失敗的。

其實，每一個人都很平凡，也都有他卓越的一面。人最重要的是老實的生活，而不是要虛張聲勢的作給別人看。只有懂得以平淡之心去過踏實生活的人，才能看出生命的實現是什麼。

生命的實現不一定是完美的。我們必須認清，生活之中有苦也有樂，有順也有逆，有得也有失。我們之所以欣然接受，正因為生命的本身就是如此，這就是希望。

你不可能比別人好，別人也絕對不會比你高明。因為在你的生活之中，你是你的主人，是不應該拿來跟別人比較的。禪家說：

智者無為，
愚人自縛。

不要有盲目的優越感，想要跟別人比較，甚至想要貶抑別人、打敗別人，這樣的「作偽」，往往只是作繭自縛罷了。

人一旦自我膨脹到優越感很強時，便開始想要凌駕或支配別人，可是卻又因為自我的過度膨脹而遮蔽了了解別人的可能性，這個矛盾將產生生活適應上的嚴重困擾。他希望別人絕對服從他，但是別人都在抗拒他。

一位盲目優越感的企業家，可能為了堅持己見，反而把有創意的部屬開除，把唯唯諾諾的庸才，當做貼心的伙伴。最後，把一個企業搞砸的正是那位唯命是從的伙計。

依我的觀察，還是有許多主管喜歡唯唯諾諾的庸才。因為只有逢迎他的人，他才能嚐到當老闆的滋味，享受那分優越感。他只想當老闆，享受那分威風神氣，但不久他的企業就會出現危機。因為他弄不清楚到底自己是在經營企業，還是在虛妄的享受老闆的滋味。

氣勢凌人的主管，在開會時，遇到某些棘手的問題，經常以君臨天下的嚴厲口吻和眼神，一連串責問部屬的缺失，顯露著那分強者的威風。最後，一個個幹部都像老鼠遇到貓一樣，銳氣盡失，創造力也被壓抑了。

盲目的優越感，表現在蹺著二郎腿，手裡叼著香煙，一副翩翩偉人的塑像，口裡正噴著煙霧。他一語不發已經令部屬產生懼怕和厭惡，那是不可能產生好的議事或交談效果的，又怎麼能在工作中看出希望來呢？經上說：

若有我相，
則非菩薩。

人若染上強烈的自我中心和盲目的優越感，就不可能實踐菩薩的慈悲精神。只有避免自我膨脹，才保留了鼓勵別人伸展智慧的空間；唯有停止盲目的優越感，才享有寧靜的高貴情操。

錯誤的愛

錯誤的愛往往使人陷於哀苦的絕境。這個娑婆世界裡，沒有一個地方不揭櫫博愛、正義和互助。但到處都是為了愛而戰爭，為了正義而衝突，透過道德而掠奪，我相信許多人對於愛這個心理需要和人性本質，有著錯誤的認知和體驗。而錯誤之點就是佛家所謂的「執愛」。

錯誤的愛導致無可彌補的悲劇，它阻斷了心智成長和幸福之路，因為它已把關懷扭曲為佔有。

錯誤的愛，表現得最頻繁的是教育，最普遍的問題是父母將自己未完成的心願，投射到子女身上，以致把子女視為自己的一部分，期望子女為自己出一口氣。這樣的愛，極易忽略子女個性和潛能的發展。

人必須根據自己的潛能去生活，接納自己的人生，選擇自己喜歡的工作，這樣才會樂於學習，樂於在自己的工作上投注心力。因此，若父母把愛擴大到替子女決定其生涯，就等於抹煞了他的個性。父母必須明白，子女的人生，畢竟要由他們自己承擔，如果處處為他作抉擇，替他準備生活，子女可能成為一位事事作不得主的懦夫。

溺愛子女可能是現代父母的共同現象。大家注意的都是學業成績和考取明星學校。為了達到升學的目的，子女可以不做家事、不懂人情世故，不關心親朋好友的交誼，甚至連上下學，也由父母來接送。這樣的青少年，他們腦子裡除了課本的知識外，生活經驗極為貧乏，對事物的認知將大受影響，他們的人情味很淡薄。

我們的教育所標榜的是五育並重。事實上，除了智育之外，其他方面的教育幾乎非常貧乏。中學德、體、群、美各方面雖然安排了課程，也有正式的教科書，但是那些教材，顯然與生活脫節。青少年在學校的任務是「讀書」，而不是學習生活的能力。

在教學上，我們重視死記教材，卻忽視思考和判斷。生活教育強調的是說教，而不是討論與活用。學完了美育卻唱不了幾首自己喜歡的歌曲。至於體育，除了幾位選手之外，大部分青少年的體能也令人憂慮。智育的結果，除了幾位智育好的學生之外，大部分的學生都是學習的失敗者，這是非常嚴重的事實。

我們缺乏愛心嗎？不，我們的愛心豐富，我們的問題出在錯誤的愛。錯誤的愛使下一代得不到好的教育；他們的人生希望，會因為錯誤而變得迷惘。《楞嚴經》上說：

因諸愛染，
發起妄情。

該是清醒的時候了。倘若此時，我們不在教育上加以反省改進，我們將會陷入一個嚴重的難題——社會性格的扭曲與墮落。

另一種錯誤的愛是佔有或獨裁。在意識上，他們認為對其所愛的對象負有責任，所以對方必須聽從自己的發號施令。在夫妻的關係中，如果有一方表現著佔有或控制的愛，那麼雙方必然會有爭執。請注意！控制了對方，就同時否定了對方。這是衝突的根本原因。

佔有的愛往往表現出粗暴的行為。當所愛的人不聽從自己的命令時，便會由愛生恨。怨偶是在佔有的愛中造成的。親子的衝突，也是佔有的愛所引起。在社交或政治活動中，也不難看到佔有慾很強的熱衷者，他們認為自己的意見是出於至誠的愛。所以那些持反對意見的人，都是阻礙他擁抱高貴理念的人。因此，他由愛生恨，想盡辦法要毀掉對方。他不知道愛的真正本質是接納與寬容。因此，狂熱的愛國分子必然訴諸武力，激進的社會運動或愛心運動的群眾，容易造成偏激的言行。《華嚴經》上說：

愛欲海，
我慢山。

強烈的執愛，帶著傲慢的自負；它不是博愛，而是強索偏狹的愛；不是大慈大悲的襟懷，而是自我中心的慾望。

真正的愛是給予對方成長、幸福和快樂；寬容對方的過錯，尊重對方的個性；更重要的是伸出善意的手，彼此了解互助。這樣的愛，佛家稱做：

愛見大悲。

我們的社會所需要的不是固執而強烈的愛，而是明白事理的愛。如果我們堅持己見，認為自己的構想是好的，而不願意去了解和關心別人的想法。那麼兩種愛國的理念會對立起來，變成敵意，帶來戰爭。兩個不同的家計意見，會相互矛盾，造成家裡的不合。人與人之間不同的看法，會互相攻訐，釀成摩擦衝突。禪家說：

主人公！

醒醒著。

該是拿出「愛見大悲」的時候！只有這樣，我們才樂意在政治上作清醒的溝通，在文化上建立制衡的價值觀念，在生活上看到博愛的希望。

喪失心靈自由

現代人都熱愛自由，但卻誤解自由。就心理生活而言，自由表示不被蒙蔽，能獨立思考，富貴不能淫，威武不能屈。自由在心理上最大的意義是創造和喜悅；它帶給我們幸福和自在感。然而，自由在開放的社會中漸漸被錯用了！許多人把它誤解為縱慾。他們把自由的權利和價值觀念，用在追求慾望的滿足上，結果自己卻一頭栽入物慾的洪流之中，無從自拔。禪家說：

從緣而起，
苦哉！苦哉！

有人想一蹴發財，把房屋財產拿去抵押，貸款買股票。結果股市大跌，損失慘重，夫妻互相責怪，吵鬧嘔氣，這不是從貪婪之緣引來痛苦的生活嗎？

慾望是無窮的，如果一味的向外追求，就很容易被財利所惑，心靈便失去自由。人很可能貪圖眼前的一點近利，而失去正確的判斷。更可能因盲目追求慾望，而失去生活的品質。

自由對於現代人而言，與私利是分不開的。大家把自由當做伸張自己權利和慾望的工具。因此，在自由社會裡，大家唯利是圖。只談權利，不顧義務；只說利害，彼此沒有什麼道義。特別是墮落的自由行業，像色情行業、淫蕩的電影、恐怖殘酷有害於青少年身心的影集，乃至滿街盈巷的電動玩具。這是自由嗎？我認為那將是一種迷失和陷阱。我們的年輕一代將因此而失去心靈的成長與自由，文化的黑暗期將會出現，為我們帶來精神生活的墮落。

輿論自由是現代人值得自豪的事，但是每天的新聞，都充斥著報導者一己之見。新聞自由了，讀者認知事實的自由卻被剝奪。最嚴重的是報紙熱衷報導醜陋的事件，好像這個社會壓根就沒有幾件好事可以報導一樣。新聞對於殘酷的犯罪和醜陋的無恥，必然詳盡報導，而對於美好的事物，往往輕描淡寫帶過，好像羞於見人一樣。也許廣大的讀者群本身，喜歡聞問離經叛道的消息，報紙只不過迎合大家的口味而已。但無論原因何在，一種心靈上的污染，將使未來的社會更加濁惡，更看不出希望。

陳腐的觀念可能是戕害心靈自由的另一個來源。當社會上普遍流行著怪力亂神和陰陽五行的迷思時，個人的思考能力和清醒程度，便嚴重的受到考驗。許多人不肯去創造互愛的美滿婚姻，卻消極的等著風水師為他帶來好家道。身體虛弱，應該好好療養運動，改變作息習慣，卻成天想著求神問卜，唐朝百丈禪師說：

被有無諸法轉，
不得自由。

迷信在陳腐的怪力亂神之中，不能福慧增長；執著在自己過去的經驗之中，同樣令人愚昧不堪。科技的進步，思想的演變，社會的變遷，是無常迅速的。如果不是用智慧去觀察發現，怎麼可能處世中肯呢？

心靈一旦失去自由，創造的心燈就熄滅，煩惱的情結和緊張不安的厄運就會出現。如果你想在困局中看出光明，一定要從消極念頭、強烈慾望和刻板的成見解脫出來。這樣你的思想就純淨了，智慧才展現出來，待人處世才會融洽順遂，這就是所謂「理事無礙」了。

為了保持心靈的自由，你要學習純真的生活態度，養成寬容的襟懷和慈悲的感受性。但最重要的還是單純，只有單純才有智慧，唯有單純才有自由。

嫉妒的悲歌

在精神生活上，危害心理健康最大的莫過於嫉妒。嫉妒可以醞釀各種心機，萌生敵意，破壞情感。它不但不能使自己面對問題，提出正確的回應之道，而且還陷自己於消極情緒之中。心懷嫉妒惡習的人，一旦看到別人的成就，總愛在雞蛋裡挑骨頭，批評人家一番。他的眼睛像有了毛病一樣，張目閉目看的都是缺點。禪家說：

心中有佛，看人如佛；
心中有糞，看人如糞。

心中有了嫉妒，有如滿腦子糞一樣，看周遭的事盡是惡嗅，自己也就痛苦難耐。人若不能看出別人的優點，不能欣賞和讚美他人，相處也就不親切、不投緣，也就失去學習別人長處的眼光和意願。我們的社會嫉妒心很重，所以選舉的時候，總是互挖瘡疤，彼此攻訐誣蔑。在國際經貿市場上，我們的商人也各行其道，自相踐踏，不能合舟共濟。在學術上，文人相輕的習性，影響大型研究的推動。嫉妒之心阻隔一群人看出共同的希望。

我們的社會因為嫉妒心重，許多人對於賢達名流或政要，抱著恨不得他們出醜，揭發其隱私，揶揄他們，破壞他們的聲譽。這些人的潛意識中存在著嫉妒，因此習慣性的看到別人的醜陋，而自己也相對變得醜陋了。《六祖壇經》上說：

念念不被嫉妒染。

唯有放下嫉妒，肯用冷靜清醒之心去面對別人，才能培養明白事理的態度，有著通達開明的思想和謙沖的襟懷。

人必須隨時能看出希望，否則就會無精打采，失去真知卓見和活潑的朝氣。但是在坎坷的生活之中，處處是五蘊所形成的陷阱，其中危害最大的有：倫理意識的薄弱使人挺不起豪氣，恐懼與不安令人失去堅定的意志，盲目的自大導致迷失，錯誤的愛扭曲了人性，失去心靈的自由招來愚蠢的行為，而嫉妒更是墮落與罪惡的淵藪。

每一個人都應該察覺這些人性的弱點，克服它，改變它。在嘗試錯誤中尋找正確的答案，在努力改變自己中培養智慧。這樣才能看出希望，看出光明的人生。

肆

生活的展現

在凡塵的夢裡，
達摩親手點亮，
少林寺大殿的傳燈。
一燈，
除萬年暗。
夢醒，
乍見日下孤燈，
雖失照，
但已晴空萬里，
錦繡大地盡在眼底。

生活的希望和創意是分不開的。創意令我們不斷解決新問題，發現希望，強化自己的信心和毅力。希望使我們積極主動的學習、成長、創造，並孕育新的憧憬。所以，希望和創意是實現生活的兩種互動力量。

當希望之燈變得微弱時，創造力也跟著衰退；希望之燈熄滅，生活也面臨著危機。生活本來是一件單純的事。但是，現代人生活在價值分歧、物慾心重的社會裡，則變得沉重和紛煩。人們在忙碌的氣氛下工作，在奢靡的環境下生活，慾望已使人矇住了雙眼，大部分的人似乎看不出人生的完整輪廓，這是迷失的原因。

在這樣一個擾攘的大環境裡，竭力追求物慾導致身心疲憊，享受和自我麻醉，則成為慰藉的手段。人由於過度的依賴享樂，反而造成身心的脆弱。大部分的人脆弱得經不起誘惑，經不起挫敗，失去耐性，失去責任感。社會瀰漫於精神困頓的狀態。

一般人以為謀生的技能和資訊是生活的全部條件，以致忽略了精神生活的信仰或理念。這使許多人除了營生、賺錢、爭奪權利之外，看不出生活的高層次希望和意義。結果，教育程度雖普遍提高，而彼此間的競爭與豪奪更為強烈無情。所知道的資訊越多，挑剔和不滿也隨之強烈，造成了希望的失落。這不但使自己的活力銳減，也使得種種判斷發生差錯。依我觀察發現，慾望過高，到達不能與自己的本質相配合時，就是眼高手低，希望就會落空，而自己潛能的發揮，隨即被抑制下來。

有人以為企圖心是成就和提高效率的條件，但企圖心一旦超過個人當時能力所能負擔時，會導致怠倦，對工作和生活都會產生失望。

現代人被績效制度和競爭評比壓得透不過氣來，最近，有不少研究指出，缺乏積極意願工作的人越來越多。有些人甚至每天一早起床，就為他的工作感到膽怯或乏味。他們對工作提不起勁，連升遷也激勵不了他。更嚴重的是，他們的精神開始頹喪，工作失去吸引力，有時還要生幾天病，潛意識裡似乎就在引發一場心理機能的罷工。這是看不出希望的結果。一個看不出生活、工作和整個人生意義的人，很容易發生這種現象。

禪家的告誡是，人若不停的貪多務得，日子久了就會覺得疲憊不堪。越是跟別人對立競爭，自己就越覺得迷失。當自己把眼光向外看，向外追尋時，得到的雖多，缺乏的就更多，空虛感也越嚴重。唐朝益州北院通禪師答覆學生問：

「二龍爭珠，誰是得者？」他說：

「得即失。」

力圖滿足私慾，把自己侷限在一個狹隘不安的視野，往往帶來諸多消極性思想。反之，單純專注的工作，多關心別人，多從服務人群中去想，卻能使你看到人性的溫暖和希望。

積極的思想使我們振作，凡事不要從批評挑剔去看，要從建議和創造去看；不要從逃避和推諉去想，要從負責和擔當去想；不要從避免失敗的態度去做事，要從爭取成功的態度去努力。這就使你的生活充滿希望。寂室禪師說：

不退大心，
洞然菩提。

積極思想也就是一個人的毅力或願力。願力強，就會成功；願力差，就注定失敗。願力是力爭上游，實現人生，行菩薩道的推力。但是願力必然與目標相結合，所以你必須有自己的人生目標。目標是依據自己的根性因緣來決定，而不是從東施效顰中模仿。它是發展自己的才能，而不是強制自己去追求。要以自己的能力去服務人群，而不是為自己的私心而作努力，這才會成功。無相禪師說：

「好比一棵樹，社會（眾生）就是樹根，德行（菩薩）就是花，圓滿的覺醒（佛）就是果。要讓樹木開花結果，就必須努力灌溉樹根，愛護它，照顧它。否則，根部一受到損害，樹就要枯萎了，又怎能開花結果呢？所以華嚴經上說『欲作諸佛龍眾，先做眾生馬牛』！」

無相的弟子聽到他的開示，深知願力的重要，所以又問道：「老師，你的願力在哪裡？」他說他的願力不能告訴弟子，無相禪師的理由是：「我的願力是我的，你為何不發現你的願力呢？」

每個人的根性因緣不同，成就也不相同，必須要本著自己的工作、興趣、環境等，積極實現人生。

人必須在自己的生活中發現希望，要在生活中成就豐富的意義，展現自己生活的朝氣，體驗生活的喜悅，就能展開生活的希望。以下，討論展開生活希望的途徑。

在清淨中發現希望

人只有在清醒的時候，才能正確的判斷；在寧靜的心境下，才可能展現創意；在善良的心智下，才能把事情做好。相反的，經常心神不寧，得失心重，慾望太高，心理上自然反應出黯淡愚迷。每一個人不免遇上難題，如果不能保持寧靜和清醒，就看不出轉機的所在。因此，要在人生或事業上前瞻未來，或者力圖從工作、感情等困境中看出新的希望，你非得讓自己冷靜下來不行。

禪家所謂「塵盡光生」，指著就是淨化自己，發現新希望，展開亮麗的人生。在《

法句譬諭經》中，記載佛陀教誡親兒子羅雲（羅睺羅）的故事：

羅雲在未得道前，性情粗獷，佛陀要他到提賢精舍去淨化自己。有一天，佛陀去看他，見面後，要羅雲找一個水盆，盛些水來替他洗腳。洗罷，佛陀指著那盆水問羅雲說：

「這盆水還可以飲用、洗臉或漱口嗎？」羅雲說洗過腳的水已經髒了，不能拿來漱洗或飲用。佛陀說：

「你也像一盆水，如果肚子充滿了貪嗔癡等毒素，就像那盆水一樣，失去它的功用。」

接著，佛陀要羅雲把水倒掉，然後問道：

「眼前這空盆子能否裝盛飲食？」羅雲說，洗過腳的盆子，不乾淨，不能拿來裝盛飲食。於是佛陀又說：

「你以前的思想言行不檢，有如弄髒的盆子，怎麼能盛飯裝菜呢？」

這是深具啟發性的教誡，人如果不懂得淨化自己，就失去智慧的妙用。多慾多垢的心，就像弄髒的盆子一樣，失去高貴的品質和創造性，那就沒有什麼價值和希望了。

處於清淨的心智狀態下，作任何的決定，都比較正確。正確的抉擇必然帶給你一片新希望，新天地。

瑞士有一位輪椅教授艾倫‧羅西爾，當他在一九五二年醫學院就要畢業時，脊椎受到嚴重創傷而癱瘓了。後來，他到法國楓丹白露醫院治療，醫生告訴他說，恐怕你以後再也不會走路，只能以輪椅代步了。

當時他非常的失望，也非常難過。有一天，他和穆希醫師閒談自己回瑞士以後的打算。穆希說：「你何不自己辦一家截癱康復中心？」艾倫就在這清淨的思想中，發現自己將來可以做什麼。他為此興奮不已，因為他看出了希望，看到自己的前景和藍圖。

他努力以赴，到法國、英國和美國進修。一九六三年，艾倫的醫學成就已獲普遍的肯定，日內瓦大學邀請他主持瑞士境內第一家截癱康復中心。後來聲譽更為卓著，到世界各地講學，並應邀到美國主持更現代化的康復中心。同時哈佛大學還特別為他設立一個脊椎康復教授職位。據說是全世界第一個這樣的教席。

中國人常說，「窮則變，變則通」，但是變與通必須在清淨的心智下才會發生。淨化自己的心情，放下悲觀和失望。必要時找人談談，無論困難多大多複雜，一定可以看出它的眉目，再度找到希望。每一個人的心中都蘊藏著無限慧性，只要你心清淨，都能流瀉出光芒，這就是佛心，就是道，香嚴禪師說：

枯木裡龍吟，
髑髏裡眼睛。

希望就在那絕望的枯木裡；活力就在那你認為沒生機的髑髏裡。只要你能以冷靜的態度面對困局，便可從中看出希望，化腐朽為神奇。

日常生活中，要以清淨的慧眼，才能看出待人處事的希望。通常人們總在情緒不好的時候，作了錯誤的決定。你一定要在火冒三丈的境況中，冷靜下來，才能發現值得我們珍惜的希望。禪家所謂：「火裡的蓮花。」我們都知道蓮花長在污泥中，脫俗不染。但很少注意到我們的希望就像蓮花一樣，是從激盪、失敗和苦難煎熬中，透過清淨心智孕育出來的。

慾望絕對不是希望。慾望越多，心胸漸漸被物慾和貪婪佔滿。即使能得到最多的享受，也會覺得缺乏情趣。偶爾享用一餐美食，或許覺得新鮮，但如果把色、聲、香、味、觸、法統統受盡，反而覺得生活空虛、枯燥和乏味。所以天天活在紙醉金迷、燈紅酒綠的人，煩惱總是很重，精神生活很苦。因為他的清淨心智，已被物慾障蔽，無法看到清新的意義和價值。唐朝無業禪師說：

莫妄想！

要把自己從複雜的慾求中解救出來，以單純的態度，面對多元的社會，才能以簡馭繁，而活得自在喜悅。

我小的時候，家裡在深山開了一片山地種蕃薯，每逢星期假日一定要除草。有一年的暑假，我發現鄰居綠油油的蕃薯，只兩三天不留意，就被一群猴子拔個精光，太陽曝曬，枯成一片。經觀察發現，那些猴子拔了一株蕃薯起來，看到蕃薯只有一個雞蛋大，不滿意，所以繼續往前拔。看到稍大一點的，只咬了一口便丟到一邊。一群猴子通常有十幾隻，一起動作，難怪一片蕃薯全被毀損。這群猴子是無知，也是貪婪，牠們的慾望太大，毀損了偌大的薯園。

人類也是一樣，我們並沒有好好珍惜大自然的資源。複雜貪婪的慾望，正像催魂鬼一樣，逼著我們死命地消耗和浪費。不愛惜吃的食物，隨便遺棄；稍舊的家具，即刻淘汰；不流行的衣服，即刻棄置；滿山滿谷的垃圾，有多少是浪費導致的呢？此外，能源的消耗，森林的濫墾，環境的破壞，凡此種種，都是多慾的結果。這種朱門酒肉臭的浪費，將加強不惜福的現代人在生態上和心理上感到絕望。

現代人該是學習清淨的時候。透過清淨的思想，才能發現生的意義、價值和目標；透過清淨的情感，才可能感受到人際的和諧；透過清淨的生活，才清楚地看出生之活潑和喜悅。佛經上說：

自淨其意！

這是多麼寶貴的指陳，多麼直截了當的教導。

在信念中孕育希望

人需要有正確的信仰，有了正信（不是迷信）生活才有根，對人生終究才有希望。

《華嚴經》的精義，在於把人類精神生活的歷程分為四個步驟：

- 具備正確的信仰和信念：人生終極的希望即是生活的實現和精神生活的圓滿，以證入佛道（信）。
- 努力學習生活與做人的道理、知識、態度和技能：使自己能轉識成智，過實現的生活（解）。
- 好好過實現的生活：無論工作、事業和生活各方面，都能表現出大乘菩薩行（行）。
- 契會精神生活的圓滿和喜悅（證）。

這四個實現圓滿人生的步驟，以信為最重要。因為信確立了生活的希望。也孕育了生命終極的希望與生活的朝氣。唐朝僧璨大師《信心銘》中把信解釋為念的來源，內在的信念，決定一生的方向，影響一輩子的幸福成敗。所以他說：

一念萬年，
無在不在。

你若覺得人生沒有什麼指望，心裡頭便覺得空虛；你若覺得生活沒有什麼目標，就會徬徨墮落。你若只知享樂而不知奮發，就會失去光明的人生。多年前，我與一位學生在下課的時間聊了起來，他說「人生除了盡情的工作、賺錢和享受之外，實在看不出有別的意義。」任憑我怎麼說，他堅持自己的看法，並以一副果斷的表情說，「老師！生命終極希望是虛無的！你的信仰也只不過是對虛無的一種慰藉而已。」這時，我告訴他說：

「生命的終究如果是虛無的，就心理生活而言，人類便面臨著絕望。正因為如此，我們必須找出希望，才可能活得有朝氣、有活力、有承擔、有喜悅，這就是生活的道理。否則，即使享受很多，還是覺得空虛。何況，慾望無盡，享樂有時而窮，那怎麼會活得充實自在呢？」

人一定要有一個好的信念，那就是醒覺，看出生命的豐富意義，這才能使自己振作起來，活得有勁。信念的高級層次是精神生活的增長與提昇，它具有光明的希望。低級層次則執著於享受和佔有，它使自己墮入苦海和煩惱。僧璨禪師說：

執之失度，
必入邪路。

信念是精神生活的一部分，但一定要起正信，否則就會迷失。

信念如果表現於對自己的評估，就產生自信和自卑的問題。一個經常遭受挫敗而心灰意冷的人，凡事振作不起來，所以有了自卑的自我評價。反之，如果不斷累積成功經驗，便會信心十足，表現出積極的思想和態度。自卑就是在他的意識裡有一個被壓抑的結，所以才有了滯礙，產生煩惱。法融禪師在《心銘》中說：

一心有滯，
諸法不通。

生活和事業的成敗，與自己的才能和能力當然有關係，但是信心更是決定成敗的關鍵。因為信心使我們心中沒有滯礙，容易激發創意，並增強努力的意願。美國賓州大學心理學家塞利格曼（Martin E. P. Seligman）等人調查發現，在資深的業務員中，有信心、思想樂觀的人，其推銷保險的成績比思想悲觀的人高百分之三十七。在新僱用的業務員中，樂觀者的推銷成績比悲觀者高百分之二十。

信心好的人，在面臨失敗時，反應顯然比較樂觀。他們知道錯在哪裡，也知道應該嘗試另外一種新方法。信心好的人，其鍥而不捨的工作態度也強，所以在工作和生活上，都表現得出色。

信心來自我評估，如果你經常自貶身價，暗示自己能力差、人緣不好、長得不挺俊、社會地位低微、命運不佳等等，那麼信心就會潰散，銳氣也跟著消失，而一副無奈的愁容也就表露出來。這時，你能做的唯一決定是逃避或躲起來，什麼希望也消失得無影無蹤。人總是越沒有信心，就越害怕失敗，心裡頭胡思妄想的也就多了，那就更沒有勇氣與毅力面對挑戰。《息心銘》上說：

心亂生惱，
志散妨道。

心裡畏首畏尾的人，煩惱必多，足以妨礙他過正常成功的生活。也許，你要問我，「怎樣才能培養信心？怎樣從信心中看出希望？」這裡，我給你一個簡便的接枝法，這是從我祖父那裡學來的。

我小的時候，祖父種了幾分地的柑橘。他很注意觀察新種的果樹。在第一次開花結果時，如果品種不好，第二年春天就把它的枝椏鋸掉，重新接上好的品種。他說，「人也是一樣，一定要把缺陷革除，換上新的觀念」。過兩三年，果然長出又大又好的果子。他會說：「你看！不錯吧！不要怕錯，只怕不改；不怕無才，只怕不學。」

我所謂的「信心接枝法」，就是克服消極的意念，不讓它有機會動搖自己的信心，而以積極的態度面對你的膽怯和顧慮，就像鋸斷舊枝，接上新芽一樣。你想應邀參加一個聚會，又擔心自己拙於交談，就在這時候，你要即刻把那消極的枝椏鋸掉。告訴自己：「好歹！我非把你革除不行，這次看我的。」然後，以一種勝利的心情決定參加。這時，也許你會斷斷續續有些猶豫不決，但你要堅持，要從積極面去想：「我一定要承擔這個抉擇的行動，因為它就是我學習新生活的代價。」然後，請注意新接的芽是什麼，它正是你要參加聚會時，所要採取的態度。

你一定要接納自己，要用真正的自己，去跟別人交往，無需造作，無需模仿。你不愛喧嘩，這是你的優點，你喜歡平常的話家常，那也是優點。你有著靜默的性格，那也是真正的你。放自在些，不爭寵、不愛現，見見老朋友，認識新朋友，這就有了新的改變，有了新的希望。

你不能逃避自己生活中所遭遇的一切，更不能懼怕它。無論什麼時候，人總會碰到無從逃避的事。你必須承擔它，而承擔本身就是生活的必然現象。正因為如此，我們油然喚醒了希望和信心。

信念也是處世的原則，有了它，我們就有依賴，行為就有恆常有效的準則。宋朝的法演禪師，對於待人接物，提出四個信條，後人稱它叫「法演四誡」，這四誡是：

●勢不可使盡，使盡則禍必至。
●福不可受盡，受盡則緣必孤。
●好話不可說盡，說盡則人必易。
●規矩不可行盡，行盡則人必繁。

什麼叫勢不可使盡呢？待人處世最忌竭澤而魚，做事要避免為達目的不擇手段。須知凡事不可過猶不及：比如說被激怒而痛責別人，若毫無自制就會過度傷人，別人記恨在心，也會反撲還擊的。讀書做事，過於用功投入，傷害身心，反而沒有把書讀好，把工作做好。有道是，凡事細水長流，「留得青山在，不怕無柴燒」。人無論從事什麼工作，處理公共事物的政治家或機關首長、企業家或部門主管，乃至一個人居家理財，要切記「勢不可以使盡」，使盡必然外強中乾，不堪一擊，很容易傾塌下來。希望就化為灰燼，變成失望了。

福氣不是一個人能獨享的，正常人的心理反應是「與人同樂」才是真正的快樂，如果你自己享樂而別人在旁乾瞪眼，那麼別人一定不平，起而反擊。所以儒家強調「不患寡而患不均」。事實上，財貨只有在分享時才有福氣；工廠製造的產品就是要供大眾分享，福氣才應運而生。企業家總不會把生產的東西放在倉庫裡，自己欣賞自己使用吧！所以，中國人把通有無這件事叫生意，生意就是為建立大家有好福氣、好生活和好運道的創意活動，這就是人類不斷成長的希望。

因此，一個企業若能懂得分享的道理，產品售出後知道售後服務，認真研究發展，提高品質，那麼福份就多，事業蒸蒸日上。另一方面，得到的財富，要和員工分享，除了再投資，再研究，再擴大市場之外，更要注意與員工一同享福。如果只知在自己的野心上一味擴大，滿足自己私慾，那麼緣就要孤立了。當員工的工作意願低落，生產力下降，企業就蒙受嚴重損失。特別是在勞資對立當中，損失的不只是福氣，也折損了彼此之間的緣。請注意，緣一旦折損，一旦孤立，要挽回它絕非短時間能完全恢復的。所以說，福不可以受盡，一定要跟家裡的人分享，要跟員工分享，要與社會分享。這就有了成功的希望。

企業界千萬不可只求自己發展，而忘了國家社會；自己有了福氣，要讓你的國家、社會、鄰居都有福氣。請注意！鄰人、社會和國家給你的福蔭是很清涼的，你今天的福氣絕對不是你自己或幾個人就能爭得的！

語言是人與人之間相互溝通、交換意見和宣慰感情的一種手段。但是使用語言明白即可，不宜激烈、偏頗、虛假、諂媚，這都是不好的語言，禪門是禁止弟子有這種行為的，因為它破壞了語言傳遞真實訊息，造成彼此的誤會、對立和緊張。另一方面，好話也不可以說得太過，灌迷湯的話，引起別人的反感；說得過分武斷，別人會反彈；處處盡說好聽的話，顯得逢迎而沒有建設性；還沒有去做，自己就說著炫耀，別人一定看出你的虛實。這時危機必然四伏，劣勢就是這樣造成的。

愛管閒事的人話特別多，總是惹了許多麻煩。這是自己的錯，卻又指責別人說「狗咬呂洞賓」。語言影響人類精神生活、社會治安、文化發展殊大，所以佛家禁絕的十惡行為中，有關口的部分有四個，即：惡口、兩舌、綺語、妄語，這表現了話不可說盡的重要。

現代言論自由，記者們把報導與猜測混淆，所以社會的輿論紊亂。當然，大眾傳播媒體都為著報導而努力，但是，當他們未能將猜測、意見和事實加以明辨時，再好的報導也會造成輿論的扭曲和讀者的錯亂。如果傳播工作者不能盡自己的良知，在報導上留個分寸，那麼話說盡了，社會也紊亂了、變易了。則輿論的希望又在哪裡呢？

最後是規矩，就國家社會而言，它是法治和規範；一個民主國家不可無完備的法律和制度，法律制度若不能適應社會的需要，就必須加以修正，否則就會僵化。政治、經濟、社會是不斷進步的，過時僵化的制度和理念，不但束縛了進步，而且也障礙了創造的智慧，所以改革與進步是人類文明進化的必然條件。

規矩是拿來規範行為的，執行時不能太苛。父母管教子女太鬆、太溺愛，當然會造成不中規不中矩的現象。但是管得過嚴，稍有犯錯即予處罰，孩子壓抑太多，就會產生叛逆和怯弱的性格。公司或政府機構的人事管理亦同，嚴苛不盡人情的管理，必然造成許多衝突和事故。請注意！人的相處就是緣，除了需要制度和規範外，更需要人性的溫暖與關懷。

待人處世一定要有個好信念；法演四誡就是一個圓融的信念。它對於現代人而言，確有以簡馭繁的效果。你不妨試試，在新的發展空間裡，你將發現新希望。

在單純中實現希望

要想實現成功的人生，發展一番事業，單純可能是最重要的因素。單純不是頭腦簡單，愚昧無知，而是一種不雜亂、有條理、有原則、有重點的工作和生活態度。單純幾乎是一個人發揮才能的唯一原則。它使人能專心工作，無干擾的判斷，沒有纏縛的思考。單純使一個人有效發揮身心及情緒方面的潛能。

學東西最忌多而不精，乍看之下很通博，但不精專就不中用。我不反對通博的涉獵知識，但一定要有所專精，否則就會一事無成。我看過許多才華很好的人，書讀得不錯，但不知道深入扎根，專精一門，所以「華而無實」沒有成就。

其次，一個人不可見利思遷，一會兒做這，一會兒做那，到頭來，什麼也沒做好，那就是不懂得單純將事的原則。俗語說，「水底覓不到一處暖」，經常變動的水流，當然感受不了暖意。

人若沒有一個單純的目標，東走走西看看，心猿意馬，「夜晚千條路」，白天還是無路走，原因是不肯安下心來，好好努力。六祖慧能說：

無念為宗。

只要單純的依照自己的環境因緣，不虛妄不造作的擬訂計畫，從近及遠努力下去，一定會成功。宋朝佛果禪師說：

看腳下。

你一定要腳踏實地，不畏艱難，不怕別人的閒言閒語，這樣就能有堅強的氣勢，完成自己的目標。

要擬訂目標，必須自問：「我喜歡什麼？真正擅長的是什麼？」你要發展自己的特長，來達到目標。當然，你的目標，也必然激勵你去實現你的才華。你知道嗎？ＩＢＭ公司的創辦人華特生（Thomas J. Watson, 1874-1956），在四十歲的時候，便已看出一個新目標——製造一架處理和儲存資料的機器。那時電腦距離被用於商業上還有十年，為了這個目標，他將所主持的機器製造公司，改名為「萬國商業機器公司」（即ＩＢＭ的全名）。這項目標也激勵著他去實現理想。他說，「我從一開始就料到它會發展成一個大規模的企業。」這是單純理念所帶來的成果。

單純也代表著專注的工作。努力去完成所要做的事，「精誠所至，金石為開」。無論你做什麼，沒有精進的努力，是不會看出成功的希望的。不斷的努力，心無旁騖的不停嘗試，是激發創造力，使自己在那領域裡頭洞悉個中真相的最好辦法。唐朝道吾禪師說：

通身是手眼。

沒有經過一番努力的人，是不可能感受到得心應手的喜悅。每一個人都有其潛能，你一定要以單純的心志去開發它，就像鑿井一樣，不可半途而廢。

人最忌三心兩意，狐疑不決，這是最浪費生命的一種方式。有一位大學畢業生，離開學校已經五年，他告訴我「還在找工作」。另外有一位年輕人，卻對我說，「雖然在一家公司上班，但我知道沒什麼出息！」這兩個人，我都勸他們要收心，不要三心兩意，要在「一點」上下功夫。

你一定聽過禪門弟子說：「德山棒！臨濟喝！」談到禪宗門下的盛事，沒有不肅然起敬的。德山之棒無非是要一棒打醒你的紛亂心思和虛妄的想法。而臨濟的一喝，則有如迅雷，像金剛王寶劍一樣，斬斷心中葛藤，而使自己從迷失中覺醒過來，做自己的主人，獨立自主地去實現潛能。禪門的一喝一棒，無非要人找回那單純的自己，在單純的理念中看出希望的活力。

單純就是道，它是心理健康的法則，是事業發展的施力點，是道德表現的最高層次，以單純的一念去工作，去思想，去處世待人，無處不相宜。所以說，單純就是生活之道，它簡單得像一滴泉水，一滴雨露，但可以化作荒漠甘泉，化作江河百川。唐朝法眼文益禪師說：

曹源一滴水！

這句話是說，曹溪的六祖慧能，所傳下的人生智慧，就是那單純的一滴清澄的水，但卻可以化育萬物，展延成為生命的希望。

在精進中保持希望

克服挫折，越過失敗的荊棘，繼續朝著目標努力，這就叫做精進。從失敗中汲取經驗，在困難中磨練心志，振作起來，這就是禪門的精進。人不怕差錯，只怕不修正；不畏困難多，只怕不肯用心尋求解答。

精進的人，精力源源不絕，創意也汩汩不斷，希望永遠屬於孜孜不倦的人。六祖慧能說：

若能鑽木出火，
淤泥定生紅蓮。

精進表示一個人能夠負責。負責，首先要對著自己，而不是對別人。一個不能自我負責的人，他會把自己的過錯諉諸別人，苛責別人；他等著別人來幫助他、呵護他、拯救他，甚至等著別人來替他安排生活，像這樣的人，是精進不起來的。

自我負責是一種內在經驗，他能認清自己的缺點在哪裡，失敗的地方是什麼，而願意努力去改進和克服。他有著積極的態度，肯改善自己的現況，相反的，一個不肯自我負責的人，不但其肢體語言顯得散漫，思想沒有什麼頭緒，而且在語言上，經常用的語言是「我沒有辦法」，性格上有著「非不能也，不為也」的特質。這種消極性語言，不是語意學上的問題，而是反應個人缺乏活力和銳氣。心理學家路易士（H. Lewis）說：「肯負責是一個人能實現潛能的重要因素。」

不肯正視問題、肯定性差、不能為自己意見辯護的人，其行為特徵是不能為自我負責。人一旦經常被否定的思想所縈繞，希望之光也就黯淡下來。

在經濟發展良好的社會裡，由於人民普遍富裕，對子女的教育，除了要求學校成績之外，很少注意在日常生活中學習負責。因此，下一代是否能保持上一代精進勤奮的性格，是值得現代人注意的。

負責的精神不但保障了一個人的活力和銳氣，同時也是幸福生活的根源。美國獨立建國後，有人看那短短的幾條憲法不起眼，就對當時參與制憲的富蘭克林（Benjamin Franklin, 1706-1790）說，這樣的憲法並沒有保障我們的幸福啊？富蘭克林的回答是：「它不是保障你幸福，而是保障你去追尋幸福。」

誰都不可能保障你幸福，憲法也不例外，基督、天神乃至佛菩薩都不可能保障你幸福。幸福必須由負責的態度，精進的努力才能得到。

精進的人心中永遠維持著希望，流露著令人敬仰的責任感，禪門稱負責為肯承擔。唐朝石頭希遷禪師解釋不能見性成佛的原因說：「為汝不肯承擔。」精進是最珍貴的一種德行，它在責任的行動中，表現出堅強的毅力。它是一種拒絕屈服的能力，拒絕將希望遺棄的能力。換言之，精進是一種生命的原質，有了它，我們才有成長，才有進步和智慧。

大自然所表現的生命現象就是精進與毅力。湯馬士（L. P. Thomas）在一篇報導植物的生命力中寫著：一批探險家，進入南極沒有被冰封的山脈不毛之地。他們發現，在光禿的岩石縫裡，生長著茂盛的青苔。這些植物，往往是先用酸侵蝕岩石表面，經過很長的時間才製造出坑洞，然後鑽進去。青苔是一種強韌的植物，即使一年之中，大部分時間被冰封凍，仍能生存，我相信青苔的特質，正顯示了最原始的生命毅力，人所要找回的正是這個生命的力量，它是人性希望之所在。

生命的本質就是處於那「無常」的改變與更動之中，只有抱著一分堅韌的意志，才可能從現狀中解脫出來，超越過來，而使自己更堅強，更具有智慧，而精進不懈的毅力，正是那生命的希望。

希望孕育了生命的活力。它必須透過澄靜的心智才能流瀉出來，必須透過我們內心的信念才能孕育出來。我想在單純的生活中發現希望，在精進中保持並茁壯希望。這希望之光即是佛性，是精神生活的源頭，也是智慧的本身。我們所皈依的阿彌陀佛（無量的光明與永恆之義），就在自己的心中，映現著澄澈光明的希望之光，照耀我們的一生。

伍 家庭親情

家——
依偎在母親慈愛的懷裡，
溫暖的輕喚，
是我茁壯的呼吸。
家——
矗立在父親壯碩的臂膀上，
擁抱與庭訓，
是我絢爛人生的彩料。
家——
徜徉在觀音的護祐裡，
金經的唱頌，
繚繞著平安和希望。

人是否生活得成功幸福，決定於兩個因素：一是先天的稟賦，一是後天的努力。而家庭是這兩個因素的函數，它能改變先天，又能孕育後天。

家庭是個人希望之所繫，想有個快樂幸福的人生，一定要從自己的家開始。也許，你現在正擁有一個溫暖的家，那麼你該好好珍惜它，接受它給你的力量和光輝，把它維護得更美好。也許你並不覺得家裡幸福，那麼你一定要看出希望，有耐性的去建立一個幸福的家。

在家庭生活中，你可以感受幸福和溫暖，孕育活力和志氣，享受人倫的情趣；家永遠在呵護你、關懷你、接納你。但別忘了，這只有在你也能呵護家人、關心家人、接納並欣賞家人時，才感受得到。

有人說，家是補給站，是避風港，是倦鳥的歸巢。這樣的想法，顯然不夠積極。你必須注意，若只一味從家裡補給，而不加以建設；家道會被你耗盡。若只把它當避風港，暫時的棲息，疏離意識會使你失去歸宿感，而頓覺寞落；若只把它看做歸巢而不知修葺，總有一天你會無家可歸。

每個人一定要「成」家，成家並非只有結婚，也不是把家舖設裝備得富麗堂皇，而是要給家裡的每一個人豐富的愛，全家從那兒看出希望。成家不只是構成一個形式的家，而是要培養一個家的氣候和環境，讓它能給自己和家人，帶來心智的成長和悅樂的性情。

家是生活的重心；就原始的心理反應來看，鳥兒歸巢，要把覓得的食物，帶回巢裡餵養幼鳥；各種有情眾生都離不開家。因為他從家裡長大，將來也必須建立一個家，即使是出家的人，也要以和合僧團為家，以精神法界為家，以十方佛國為家。沒有家就會寞落孤獨，變成孤魂野鬼了。

一整天的努力工作，無非要回到安詳的家，把收穫獻給家人，和家人分享，這是一種悅樂。如果你一味的在外覓尋，卻忘了和家人分享情趣，那就本末倒置了。最近，有許多人把小孩送到國外當小留學生，太太跟著去照料孩子，而父親卻在台灣當賺錢的機器。他們的家拆散兩地，不能享有家的情趣和溫暖，這是很可惜的。

就呱呱墜地的嬰兒而言，家就是他的生命，就是他智慧的金石，是未來幸福人生的精神寶庫。特別是家庭親情，是孕育個人心智成長和志業的奶水。它流瀉著經驗的傳承，人格的特質和文化的生命。因此，你有責任建立一個有希望的家。

娑婆世間的家，就生活的需要而言，是你的歸宿，要善自珍惜。人群結合的國家，就生存與安全而言，如同大地神器，我們要愛護它。精神法界的家，就永恆的存在而言，它是我們心靈的歸宿，我們要護持信賴它。以上三個家，一定要從家庭開始，要創造一個有醒覺富情感的家（菩薩之意即覺而有情）。這就是佛家的家庭生活態度，所以《六祖壇經》上說：

在家能行。

你一定要在自己的家庭生活中看出人生的美妙、情感的可貴和慈愛的偉大。在那兒培育後代，試煉你的智慧，成就你的菩薩行；把你的業力，轉識成智為家庭的責任，互愛的資糧。若每個家庭都能如此，這社會就無處不祥和了。所以說，家是大眾慈航的開端，是自度度人，自悟悟人，成就一切志業的大法船。你要珍惜它、愛護它。

我們的社會顯得脫序不安，道德日益淪喪，這與家庭生活大有關係。家庭擾攘，爭鬧不休，子女必然失去安全感。家庭缺乏親情，孩子就顯得冷漠孤單。好逸惡勞的家風，把家人薰習成懶散的個性；嚴厲粗暴的態度，彼此難有和氣的的相處。自己不知上進，則後代墮落消極；一家利慾薰心，則無惡不作。這樣，家庭就失去希望，社會也跟著遭殃。

我認為家庭最重要的是親情，有了親情就能互愛，有活力，有朝氣。這樣的家庭會呈現一片好景，充滿希望，現在就來討論：發現這親情希望的途徑是什麼。

逗趣與歌聲

家庭在吃得飽穿得暖之後，最需要的不是錢財，不是華麗和舒適的設備裝潢；而是快樂的氣氛。事實上，即使處於飢寒交迫的境況，也應以快樂的氣氛為重。因為樂趣是精神生活的資糧，它能滋潤活力，助長智慧，增進健康快樂的家庭氣氛，那就是幸福的本身。在快樂家庭中長大的人，信心好，情緒穩定，神情丰采也好。

家是一個人的根，根長得強固，莖葉一定會繁茂。你一定要親自沃壯自己的根。家給嬰兒第一個人世的印象，它根深柢固，記憶最深，影響最大。家庭的生活經驗，是個人人格的藍圖；錯誤與矛盾的家庭教育，會帶來無限的困擾；不快樂的幼年生活經驗，會像揮之不去的夢魘。人文心理學家指出，個人回憶最深的是童年，而家是童年的世界。為人父母一定要為自己的孩子，建立一個活潑快樂的家，因為在活潑與快樂中，孩子才能憧憬出他們的未來，看出他們的希望。

逗趣可能是家庭成員中，最能表示撫愛、機智、親暱和祥和的活動。逗趣是在平凡的生活中，發現珍寶般的情趣。在小事物中，透過幽默而讚美；在閒談之中，綻放趣味而變得悅樂。這可以使生活充實，氣氛祥和，性情得以陶冶，情緒得到洗滌，神智顯得清爽。

不過，逗趣絕非取笑，更不是言不及義的耍嘴皮。逗趣一旦陷入對人性的貶抑，就變成譏諷或指桑罵槐。這不僅對家庭的氣氛有害無益，對全家人的心智成長也都會造成困擾。

禪門是很講究逗趣的，他們經常透過逗趣來引發弟子開悟。

唐朝馬祖禪師的學生，到石頭希遷那兒，談到馬祖的禪法。石頭打趣的指著一堆薪柴說：

「馬祖的禪法像那堆薪柴嗎？」弟子沒有幽默感，以為石頭在批評馬祖，不服氣的把話帶回來給馬祖。馬祖便問：

「孩子！石頭禪師所指的薪柴有沒有廚房那一堆大？」學生說差不多。馬祖笑著說：

「你真有力氣，把那麼大的一堆薪柴給扛回來了。」

人嚴肅到一點玩笑都開不起來，那是很執著的、沒有情趣的。這件事假若換另一位已悟道的弟子，可能會說：「豈只像一堆木柴，我現在正拿它在燒飯哩！」

說笑話是逗趣的一種，家人在茶餘飯後、休閒的時間，隨興所至，輪流說笑話，或念一些平常記錄下來的趣事，引來全家人的笑聲，不但能消除沉寂倦怠，而且能拉近家人彼此間的距離。

幽默可能是家庭中最珍貴的逗趣。幽默不但可以維護自尊，帶來輕鬆，同時也是維護和諧的天使。母親在親戚面前數落念高中的女兒臥房髒亂不堪，女兒當然很難堪，下不了台。但是女兒卻幽默的說，「阿姨，蓮花出污泥而不染哩！」大家一陣趣笑，一則打斷疏於維護女兒自尊的窘境，一則也維護了自己的尊嚴。

看漫畫和說漫畫，也是巧妙的逗趣。家庭要買一些好的漫畫。無論是風趣、笑料、史事、文學和經典的都好。家裡有了漫畫就不怕沒有樂趣。它總是在休憩時、郊遊的路上，變成彼此交談和逗趣的素材。至於漫畫，可能是我家獨門的逗趣功夫了。我們全家都不擅作畫，但想像力都很豐富，所以一有空，就有人提出說漫畫；只用口說不用筆畫；依自己的創意，構想出幾張漫畫，表達一個事件或趣事。每個人都發表自己的漫畫，也可以接下去再編出續集，談笑風生，趣味濃郁。尤其在假日登山時，經常這樣逗著玩，孩子們稱這種遊戲叫「免洗」漫畫——用過就丟。

逗趣是休閒時最好的遊戲之一，它代表著我們童心未泯，還保留著天生遊戲的能力，它是一種幸福感，一種心智的洗滌，一個親暱的會心。人只有懂得維護自心中天真爛漫的智慧，生活才顯得有創意、有幸福感，而生活的希望就在逗趣之中、歡悅之後流露出來。

唐朝的趙州禪師，在夏天一個閒適的日子裡，突發奇想，和身邊的弟子文遠，玩起逗趣遊戲來。他說：

「文遠，我們來逗個趣，作個比賽，看誰把自己譬喻得最低。」兩人還約定，贏的人就輸掉一塊餅。趙州先說：

「我是一隻驢。」文遠說：

「我是驢子的屁股。」趙州說：

「我是驢子的糞。」文遠說：

「我是糞裡的蟲。」趙州說：

「你在糞裡做什麼？」文遠說：

「我在那裡度暑假。」趙州說：

「好了，你贏了！」於是趙州就把一塊餅吃掉。

這段故事又是逗趣，又是啟發——貧乏而知悅樂。

在家庭生活中，父母能懂得透過逗趣啟發子女，可能是最好的教育，它不留說教刻板的痕跡，又能引發主動認知的效果。我深信，許多道德性的觀念，不是用說教能表達的。道德一定要從榜樣和身教著手，並透過逗趣來作不著痕跡的啟發。

逗趣最主要的目的是歡笑和對生活的讚美，在日常生活中懂得逗趣，就有取之不盡、用之不竭的豐足感，那麼向外去追求刺激和尋找享樂的事情，就顯得不重要了。家庭成員，平常若能享有一些樂趣，每個人都會生氣盎然。孩子也因為心情安定而能專心學習，心智受到啟發而較有創意。特別是在人生觀上，必然因為喜悅的心情而抱著樂觀的希望。

歡笑可以消除懼怕，對兒童逗趣，透過親暱和親情的自然流瀉，有助於兒童積極學習的態度。有歡笑的孩子，比較願意把自己擔心或害怕的心事說出來。肯和家人逗趣的孩子，也比較有肯定性，敢於表達自己的意見。請留意！就教育子女而言，如果不讓孩子表達意見和想法，父母便沒有啟發和讚美的機會。禁止孩子嘗試逗趣，其心智成長的動力就被壓抑下來。因此，歡笑幾乎就是兒童成長的希望所在。

歌唱是歡樂家庭的另一種表徵。一般人在音樂陶冶方面，大抵偏重欣賞音樂，而很少在家庭一起歌唱。不唱歌的家庭是缺乏熱情的。也許你會說，年老父母不唱歌，怎麼辦？其實，只要你留意，他們哼著歌仔戲、子弟曲、童年的老歌謠、聖樂、聖詩、佛門唱頌或梵樂。只要你留意，就一定有歌聲。家庭的歌聲不是一味唱自己愛唱的，也要了解家人愛唱的，大家一起來唱，就會很快樂。只要你願意歌唱，家人的歌興就會被帶起來，特別是透過兒童的歌唱，就能串聯家庭成員，一起打拍歡唱。

歌唱是否唱得好是次要問題，最重要的是唱興。有著好興緻，一起唱和起來，其樂也融融。唱得盡興就是美，唱得有情趣就是好歌。

我認為學校裡要多教一些歌；在國民中學畢業之前，至少要學會五十首；要教學生唱出興緻，唱得有味道。歌曲應包括童歌、民謠、藝術歌曲和流行歌曲。青少年期以前所學會的歌曲是唱一輩子的，學校和家長一定要注意取材。

孩子在學校唱的歌，正是父母親，乃至全家人一起唱的歌。孩子學唱，父母跟著他唱，這對一個家庭的歡樂和對子女的肯定與鼓勵，具有決定性的效果。我內人經常請孩子教她一起唱學校音樂課學來的好歌，他們唱，我也跟著哼。家庭和諧的感情，子女學習的態度，盡能在其中看出希望來。

逗趣與歌聲都是家庭歡樂的甘泉，只要你肯去帶動，就會像綠洲的泉水一樣，汩汩不斷的流瀉出來。

歡喜或歡笑，無論透過逗趣，或歌唱與舞蹈，其共同的線索是驚奇、創造、美感、參與、尊重與分享。它表現了生活的美，就在這美滿的家庭中，展現著家庭成員的人生希望。

經驗與學習的分享

一個充滿希望的家庭，必然是全家一起分享學習、情感和生活經驗的地方。在分享之中，得到相互鼓勵和成長的機會。我們常聽到親子教育專家們說，你要多鼓勵你的孩子，但是真正懂得鼓勵孩子的人實在不多。我深信，最有效的鼓勵並不是告知或說明，而是經驗與學習的分享。它不需鼓勵的語言或字句，而是一種直接的參與。

請注意！告知式的鼓勵，往往流為口頭禪，它缺乏親情交會的效果。說得更明白，告知式的鼓勵，無異於向對方表達所欲，用告知式的語言鼓勵兒童，等於在表達自己的慾望；而不是真正以行動觸發他自動學習的態度，告知式的鼓勵是慾望的變形，而不能引發子女自動學習的新希望。禪家說：

掬水月在手，

弄花香滿衣。

這是說，以手掬一捧水，手中的水能現出月光來；如果你不透過跟子女一起分享學習，那麼智慧和親情的月光，又怎能出現在你的家庭呢？這正像是你踏進花園，以手弄花時，花的撲鼻香氣會沾滿你的衣襟一樣，全家都在分享學習之中，感受到書香。

家庭的成員所分享的經驗，包括分享成功的快樂，從而學習成功的經驗。分享情感上的喜悅，從而帶動家庭悅樂的氣氛。分擔失敗的事實，用大家的智慧，協助達到成功。也分擔情緒上的沮喪，從家人的鼓勵和安慰中得到支持。分享可使家人的人際關係不致疏離，更促進彼此之間的安全感和智慧的成長。

父母親肯花時間聆聽子女在學校學習的內容，子女便很容易培養閱讀的興趣。不少父母親，買了許多課外書，整天逼著孩子讀書，那是事倍功半的方法。如果你能耐心的跟他們分享讀書和學習的內容；假以時日，他們會主動要求你去買書。內人和我，都很喜歡聽孩子們說故事，他們說什麼都能引起我們的興趣，孩子們閱讀的興趣就自動表現出來。現在，我們一樣喜歡聽他們談新知，我總覺得從他們那兒獲益匪淺。他們也很樂意在適當的機會裡，給我們一些驚喜的新知。

我記得，孩子們總是在開學一兩天，把從學校領回來的書瀏覽一遍。在我們下班回家時，興高采烈地告訴我們新一學期將學些什麼，我們總是津津有味的聽著。這就是希望，是學習與成長的動力或契機。孩子們在這契機中領悟到學習是什麼。

飯桌是我們家的輿論廣場。我們經常在這兒討論一些有趣的問題。有時討論時事，有時談些做人做事的道理，有時把話題放在學校生活、功課或自己的感受上。在這個餐桌討論會上，有天文、史地、宗教、政治、數理、自然科學等等題材，真是豐富極了。正因為這些五花八門的話題，所以我們覺得有趣！我發覺，孩子們的好學比大人更有勁。他們在聯想到某些讀物時，即刻會去查閱資料。我看到他們學習的朝氣和活力，便知道他們已看出希望是什麼。

父母未必能答覆子女的問題。有時，我們甚至只有聽講的分。但是，聆聽就是一種鼓勵，對自己也大有收穫。尤其是聽子女的一場即席說話，快樂之情必然溢於言表。我所知道有關太空或天文的知識，是他們告訴我的，不少數理觀念，也是他們把我從遺忘的棄置場中找尋回來的。

圓桌討論有時也是一種遊戲或腦力激盪。比如說，有一次我們討論到數學中所謂的函數。我說：「這玩意兒我不很懂，不過我很有興趣聽聽它跟人文究竟有無關係。」老大眼睛睜大了，似乎看到了一道答案的曙光，笑容可掬地說：「它像一部萬能機器，你投入什麼，它就能相對的製造一個什麼；投入的原料不同，製造的產品也不同。人文科學的相對變化太複雜，可以用函數的簡單觀念來解釋，但很難用它來作明確的演算！」我聽出個中的哲學氣氛，想了很久卻也不敢確定它是否很中肯。我不能回答什麼，但我們都很高興。

經驗與學習的分享，是家庭生活中最重要的一環，它能使每一個人精進成長，成熟而充滿希望。經驗的分享，不是在一起檢討，相互批評，而是積極的對所學習的素材，提出來分享。這個習慣必須漸進，要在平常的家居生活中培養。請注意！分享就是分享，討論就是討論，你不能演變成說教和責備。說教和指責，一定會否定原先討論和交談的本質。

分享學習和經驗，並不限於學問或工作。舉凡觸目遇緣，所看所聽所思，都可以一起分享。禪家說：

處處全真。

在生活之中，處處都是真理，並非只有文字、書本才是學問。我深信，一個人如果能在家裡跟家人分享經驗，必能「齊家」，長大之後必然也能跟朋友、同學或同事分享學習的心得，那麼他的學習態度，將使他成為一位「巨人」。

家庭蘊藏著無限的資源，彼此所知不同，可以相互分享；生活的經驗不同，透過分享而使自己增廣見聞；每天都有人討論新鮮事，全家也就樂無窮。你懂得運用這些資源，真是希望無窮了

互愛的溫馨

家庭是愛情的結果，但為什麼會有偌多家庭破裂呢？家庭是慈悲心最濃的地方，為什麼有那麼多青少年要離家、逃家呢？那麼多人不喜歡自己的家呢？我想最重要的原因是他們不懂得透過寬恕去互愛。誠如教育家巴士卡力（Leo Buscagia, 1924-1998）所說：「為什麼我們要寬恕呢？因為不寬恕所付出的代價太大了。心存怨恨，尋求報復，對自己有害，而且一無所得。這既不能滿足自己，又不能癒合創傷；不去寬恕對方，只會阻擋自己的成長，而把積極的心力，埋葬在精疲力竭的消極行為之中。不去寬恕，會使自己心生猜疑，不敢相信別人，而致破壞了生活的創造力。」家庭如果不透過寬恕去互愛，是不會有什麼希望的。

互愛是什麼？我認為那是讓彼此感到自己有價值的行動。當家人相互關懷時，彼此感到被重視的喜悅；家人相互尊重時，彼此都有受敬愛的尊嚴；家人能彼此負責時，大家都有被愛的滿足；家人能相互信任了解時，彼此就感到溫馨和安慰。

互愛的第一件事是互相關懷。關懷並不是期望，而是對家人的成長、安全、健康和需要，表示關注。關懷的結果，一定要產生行動。當你的子女逾時未歸時，你會走出來盼望；家人有了疾病，一定會送他就醫。基本上，關懷是很自然的事。但是，父母親在關心子女的成績時，就會把關心和欲求混淆不清了。特別是孩子達不到自己的希望時，便會洩氣，甚至憤而說起氣話，冷嘲熱諷起來。我曾看過父母親當著子女的面前對別人說，「這孩子已經沒有指望了！」我認為，這樣一句話會對孩子造成傷害。而那傷害的利劍卻來自關懷，你說冤枉吧。佛經上說：

落愛見處，
失菩提路。

當一個人對於愛起了執著，不能醒覺到愛是一種智慧，不明白關懷是因勢利導和因材施教時，那麼，愛越深，寬恕的也就越少。最後，變成單方面的關心；親情就失去它的連心和活力，父母也就不容易對孩子起誘導作用。

關懷就是以冷靜的態度去傾聽。懂得傾聽子女的訴苦，他們的壓力便得到紓解。孩子們最需要的是你的關心，有時候，只要你聆聽訴說，全部問題已迎刃而解，無需你的答案。你要知道，真正要去調適、去解答難題的不是父母，而是孩子自己。對於稍大的孩子，如果他不要求你的協助，傾聽就是最大的協助。

你要在生活中養成交換心得的習慣，請他表示意見，甚至要請求孩子，協助解決問題。這是引發孩子關心大人的最佳方法。譬如說，你有了什麼難題，可以在交談中說出來，他們會關心，雖然他們所提的意見並不成熟，但是提意見的本身，就是一種關懷，它比什麼都可貴。有一次，我談到房屋貸款負擔很重，當時我那兩個念幼稚園的小男孩，竟然把撲滿裡的錢拿出來，要幫助我們還貸款。有一陣子我受傷，一不小心就會引發嚴重疼痛。孩子們總是隨時在留意我，提醒我這，提醒我那。必要時為我拿重的東西，扶持我站立起來，就跟他們母親一樣，隨時流露著關懷，這是溫暖的愛。

互愛必然表現出責任感來。責任表示自己能正確的負起應盡的本分。責任是有效率的；沒有效率的工作，比沒有做還糟。我知道，親情如果沒有責任感是不牢固，是空洞的。因此，你要用責任與實踐，去喚起孩子的責任與實踐。你必須自己肯上進、肯努力、肯用功；然後，將它化為榜樣和身教，才能引發孩子跟你一樣兢兢業業。

內人總是在廚房作菜時，要求孩子一旁協助，並讚美他們「做得好！」有時也有搞砸的時候，雖不免給他們一些訓誡，但總是以肯定收尾。這一來，孩子們真的能幹起來，下廚房的基本能力，很快就培養起來。我們總是一起做家事，分配工作，各有所司；合作與負責養成了群策群力的習慣，人必須學會在擔負責任中發現希望。

責任是對孩子能力的肯定。父母能培養孩子的責任感，必能增進其信心和敢於嘗試的勇氣。責任是一種生命力的表現；是生活與工作的鋼樑，如果不在幼小時開始培養起來，將來很可能眼高手低，缺乏毅力，甚至表現得怯弱，沒有擔當，那就會失去當生活主人的豪氣。唐朝臨濟禪師說：

隨處作主，
立處皆真。

如果自己不肯負起責任，必然生活在一片虛妄煩惱之中。請注意！家庭之中如果沒有責任的氣氛，必然家道不佳，親子之情也就不堅，家裡是看不出什麼希望來的。親子的互愛，必須建立在尊重上。相互尊重，就可以維護彼此的自尊心。父母對子女的尊重不是處處順著孩子，順著孩子無異溺愛。尊重是指對人性尊嚴的敬重，父母親不凌辱他、不貶損他，同時要支持他們去發現自己的優點和能力。

我認為親情的偉大，表現於耐心地提供子女探索其能力，以及協助建立健康的自我觀念上。家庭若能提供孩子各種嘗試的機會，供他們學習與體驗，他們自會看出自己的一片天地。我深信，每個孩子都是一塊瑰寶，不可能有兩個孩子會相同，所以孩子的個別特質不應該相互比較，而是要發展他的自我；不應該否定孩子的特長和能力，而應鼓勵並呵護那些能力的幼芽，讓能力蓬勃的發展。我們必須留意一個生活的事實

：每一個人都要根據自己的意願和能力，發現自己要走的路；我們對孩子做如是的肯定，便是尊重。

互愛的另一因素是彼此的了解。同情心和同理心就是了解的基礎，同情是情感的共鳴，同理是對事理的共識。當家人能彼此設身處地想想時，便有了互愛；對家庭生活有了共識時，彼此就覺得很融洽貼心。了解當然需要知識，你想了解年老的父母，就得具備起碼的老年心理學知識，要知道他們身心上的變化與適應。當然，你若想了解子女，自己就得花一點時間去研讀兒童或青少年心理學。

在互愛的氣氛中，每一個家庭成員的心智都在成長。生活顯得有朝氣、有創意。心智的成長不只是兒童或青少年的問題，成人和老年人也一樣。家庭一天失去愛，便一天失去心智的成長，失去精神生活的希望。

愛的鞭策

在中國人的傳統觀念裡，父母對晚輩的愛往往帶著期許，所謂「玉不琢不成器」，這是期待子女成長的愛；而父母當然要抱著「子不教父之過」的態度。在這樣深深的愛心與責任感驅策之下，一旦子女不受教，不聽父母的勸告，在恨鐵不成鋼的情況之下，就可能訴之箠楚，體罰子女。通常在失望與挫折之間，表現出「愛之深責之切」的行動，這種愛是辛辣的、是強烈的、是生氣的。

許多教育學家認為這不是愛，因它已失去理性和教育的效果，因此極力反對這種打罵的教育，一再強調它的害處。這種說法，導致許多父母在責罵或體罰子女後，產生嚴重的自責和擔心。他們後悔一時的衝動，又擔心會不會真如教育心理學家所說的，引起強烈的後遺症或副作用。

我認為打罵和體罰固然不好，但是只要你能注意到家庭的歡樂、逗趣、歌唱、學習分享和互愛，即使在子女惹你生氣時，你大發雷霆，臭罵他們一頓，子女絕對不會以為你不愛他們。

理想的教育子女方式是不採用打罵，而應以清醒的愛心來引導他們。但是，父母畢竟是人，是有缺陷的，很難一直保持心平氣和的。你必然有震怒的時候，那時，責罰子女，嚴厲的責備並沒有什麼不對，也沒有什麼不好。只要你不要侮辱他，不要傷害他的自尊。一場迅風雷雨的訓斥，無異於久旱後的驟雨，在風馳電掣之後，花草更為欣欣向榮。當代主張愛的教育和愛的人生的教育家巴士卡力說：

「我很幸運，生長在一個充滿愛的家庭，過去享有許多經驗。愛語並非一直是溫柔甜美的，也非全是你希望聽到的話。媽媽講話很大聲，事實上她經常咆哮。她並沒有讀過聖哲或心理學所謂『不要吼罵或毆打孩子，言語和肉體的傷害，會留下永久的痕疤。』我聽過她用威脅的口吻說，『我要給你一巴掌！』我必須承認，她有時真的這麼做。老實說，我有一顆破裂的門牙，可以證明事實不假。她最喜歡說的辭句是『住嘴！』爸爸也從不擔心這種做法會對我們的心靈有所傷害。他不明白，也毫不關心我們的心靈。他和媽媽的看法相同，並希望我們接受。不過，這種暴躁的環境，卻也不缺乏愛的溫暖表達。媽媽每次去市場都會帶巧克力、餅乾或水果給我們。他們常撫愛我們說：『嗨！』、『晚安』、『早安』。從早到晚，他們親吻我們。只要毫無疑問地確知愛的存在，創傷很快會痊癒。」

禪門經常使用棒和喝，所謂「德山棒、臨濟喝」。德山禪師以棒來警策弟子聞名，臨濟禪師用喝聲來鞭策弟子最令人讚嘆，臨濟禪師說：

有時一喝，

如金剛王寶劍。

棒與喝有時像迅風雷雨一般，強烈得足以驚醒夢中人。但是，要使用這種強烈的方法，必須平時就有著慈悲、關懷、和諧和互愛。

堅持原則的力量

散漫與失敗大有關係，不能堅持理念與目標，是一事無成的原因。家庭生活應是孕育一個人講條理、有秩序、講分寸、有原則的地方。社會生活的適應能力，是家庭生活品質的延伸，所以家庭生活必須堅持家規，有所為有所不為。庭訓就是要透過家規來培養無形的精神力量，這種力量必須家裡的每一個人彼此作榜樣才行。特別是父母，一定要帶頭做給子女看。別小看家居生活的細節，它往往是大志業的基石。好的家庭教養是無形的力量，就像閩南話所說的「舉頭三尺有神明」一樣，在守護著你，使你事事順遂。所以，你萬不可疏忽家居生活，而任其散漫，它影響你和家人的工作、健康、待人處事的習慣，實在太重要了。《中庸》上說：

莫見乎隱，莫顯乎微，

故君子慎其獨也。

現代人講愛的教育，而經常流於散漫。崇尚自由的生活，卻又疏於自制。培育出來的新一代，慾望勁十足，意志不堅。浪漫較多，而創意有限。縱容自己，流於疏漫。

他們總是在眼高手低中批評，而坐失實現抱負的良機。

家庭為了維護子女自我成長和自治的能力，不必管得太瑣碎。但是父母親一定要堅持原則，它是全家人都要遵守的家規。請留意，合理的家規背後，充滿著金色的希望。不過，苛刻的家規是要避免的，「規矩不可以行盡，行盡則人必繁」。嚴苛的家規會導致家庭紛擾不已。

堅持家規就必須具備交談的技巧。當子女不守家規時，你當然要堅持。不過，堅持最好透過交談；從了解、寬諒、鼓勵和提示中，要求子女遵守。當子女違背家規或犯過時你要注意：

- 要找適當時機與他交談：要先了解，後指示。指示應簡明扼要，採用肯定語氣，避免否定和消極用語。
- 避免怒氣沖沖：交談的本質是用理性喚起子女的同理心，怒氣會否定你交談的原意。
- 幫助提出可行的改正辦法：要設身處地為子女想想。
- 交談是要解決問題，而不是批評和指責：若流為批評和指責，交談便失去效果。
- 交談未必當下就有結論：要有耐性和包容。交談也未必一定用口頭，紙條也是很好的方式。

堅持原則，除了堅定的態度外，最重要的就是諮商交談。交談是手段，堅守原則是過程，最終的目的是在其中孕育精神力量，它即是品行的希望，人性的光輝。

祖父母的慈暉

童年以前的孩子，祖父母是他們親暱依偎的對象，成年以前，會覺得老人跟他沒有什麼關係，因為自己有著不會衰老的錯覺。但是一到中年或壯年之後，似乎對自己生命的全貌，有著完整的輪廓。開始看到年老是必然的結果，並體驗到老年人的心聲。自己開始對家裡的老人，有著濃厚的關懷。但是一般而言老年人比兒童不好相處，他們失去兒童的天真和歡笑，他們不服輸的心理正好與力不從心構成了矛盾心結。所以，不少老年人的言行，具有強烈的防衛機制式反應。他們一再的重複自己的重要，說一些過去的英雄故事，批評現代年輕人的不是。但年輕人要了解他們，接納他們，給他們溫暖。

老年人是很孤單的，由於他們很少被充分的了解，被完全的接納，所以總是有些憂鬱和徬徨。他們曾經是家庭的主人，是社會的主人，可是，現在是被遺忘的人。這正顯露著養老院裡，為何老人會自殺或暴力，或者帶著絕望的眼神，茫然看著一道無助的牆。那是一道疏離、被遺棄的牆。這不只是養老院裡的老人如此，一個沒有豐沛感情的家庭，即使是富裕的，老人們也難逃這悲劇的牽連。

老人在一個家庭要被愛護，要被重視，要享有活潑的親情。就像對待兒童一樣，要有逗趣，能哼著歌聲，同樣能分享經驗與學習。有親密、交談和撫愛。這樣，他們的生活，才保有創造性和活力。

佛陀所揭示的智慧就是尊重生命，眾生平等。眾生平等不只表示每一個人都要享有歡笑，連一切有情眾生也不例外。更進一步的說，即使在生命的任何一個階段，不分老幼、不分強弱，都要享有那分喜悅與尊榮。

不過，現代人太自私了，而且社會及經濟生活方式，幾乎對老人極為不利。他們被強制退休回家，家人卻忙著營生而忽略了他們。城市與社區的發展，使他們在建築物的叢林裡舉目無親，又看不到未來生活究竟有什麼指望。毛血日益微，身體日益衰，除了消極的等待一盞生命的油燈熄滅之外，又有什麼指望。

但事情也不是那麼悲觀，我認為家庭裡，兒童和老人是天生的互補。所以，老人如果有兒童來依偎，他們似乎就有了指望。反之，兒童若有了老祖父母的陪伴，就有好的安全感。這個老小配的調和，似乎是天賦的心理生態平衡。所以，我希望每一個家庭，要有效安排這種生活的資源。

老年人要受到家人的尊重和敬愛，否則也會像青少年一樣變壞。他們變壞的方式和青年不同，他們會越來越古怪，越來越囉嗦和挑剔；精神生活上也日益消極化。這樣的生活，使他們的精神世界，狹小痛苦得像是牢籠。請留意！監牢有很多種，犯罪被判入獄是一種，精神生活狹隘化，以致憂鬱沮喪又是另一種。你的父母親是否活在僵化的精神世界裡呢？人不免衰老，但作子女的人別忘了給他們一點自由創意的精神生活。善待父母，也等於善待自己，給自己的年老播下希望。

佛經揭示著因果的現象，這也是中國人傳承兩千多年的觀念。但是這個觀念已被現代人忽視。在此，我要呼籲，家庭生活中，如果我們未能提供老人溫馨的愛和歡樂的親密感，子女們耳濡目染這種非愛的行為，將成為家庭文化的一部分。人總歸是要老的，自己所造的孽網，將反過來牢牢的困住自己。

老年的歲月佔人生很長的一段時間，特別是醫療發達的時代，很可能有二、三十年之久。你要重視這個家庭問題，不要只有在父親節或母親節時，買一大束花去補償贖罪，而是要把那一大束的花，化成一小朵一小朵，每天送來跟他們分享。這就是對生命，看出一種慈愛的希望。

我們當然不是為了怕報應才孝順父母，而是知道老人家確實需要溫暖。從給予溫暖和照料中，讓他們看出這世界依舊像他年輕時代一樣有朝氣。《六祖壇經》上說：

恩則親養父母。

當你透過親養父母，給他安慰和溫馨時，即創造了光明的希望，它有著大日如來的光耀和溫暖，受到佛光的普照。這時，你和年老的父母，同時可以感受到《臨濟錄》中所說：

寒松一色千年別，
野老拈花萬國春。

就像千年的老松樹，雖與小松有別，但是天寒料峭的春日，卻吐露著相同的綠意；而野老也像古松一樣，春意盎然，享受著如花般的生命開放，綻放著生命的香氣。

信仰的分享

宗教是精神生活的表現；精神生活越是清醒虔誠，其在宗教信仰上就越表現得高妙自在。同時，也感受到與十方法界相應。家庭的宗教氣氛，必須建立在醒覺和虔誠上，這才是正信。佛教的信仰，是要教導子女懂得生命的本質就是實現。每一個人都得接納自己、實現自己，為自己開拓出一條出路和希望。這樣就是自悟自度。禪佛教的基本精神是：

你的心中有佛性，
發願成佛，
自悟自度，
畢竟是依照你自己的本質成佛，
去實現六波羅蜜，
這就與十方法界諸佛相感通。
這時，你求什麼就得著什麼，
因為你清醒、恬淡、悅樂和無私。

正信的佛教信仰，給家庭帶來祥和，給子女帶來精進和光明積極的心智，給全家帶來和諧的互愛。在人生的究竟意義上，孕育著大乘菩薩的實現人生和服務精神。一位正信的佛教徒，每天都在檢討自己，避免錯誤，勇於改進，這就是解脫，也是醒覺，也是佛性的顯露。而這份生活的崇高信仰，對於子女而言，就是一個標榜和啟示。

宗教信仰，表現於家庭的情愛上，讓每一個人都享有溫暖、喜悅和心靈的自由。這有別於迷信的盲目祈求和崇拜；迷信是一種精神症狀，而不是心智成熟的超脫。

從禪家的觀點看，一切禮拜、佛相和道具，都是一種語言，它只是「表法」，在於表達佛法的精義，每天提醒自己，並表示對佛的虔信。如果，日日都能心存正信，保持清醒，過著實現的生活，那麼一念佛思，便與十方諸佛相應了。

兒童有高級的宗教信仰，所以充滿著向學及成長的希望；老人有了信仰，知道生命究竟是什麼，對自己一生有個豐富意義的答案，這就是希望！

兒童和青年的希望像晨曦，成人的希望像正午的光明，老人的希望有如晚霞之美；但明日是大家共同的希望。

一個家庭若能分享正信的宗教，他們將享受到福分和智慧，啟發無盡的希望。

家庭親情是生命的原質，它流瀉著生活的清泉，沃開生命的花朵，也沃開生活的希望，親情就是歡樂、親暱、溫馨、分享、心智成長和精神生活的提昇。在美滿的親情中，我們看到佛，也看到自己；我們信賴佛，也信賴自己，我們看到希望的陽光，正溫暖了自己、強壯了自己。

陸

覺・有情的愛

推開心中的柴扉，
呀——的一聲，
悠然四望，
看盡人間風情萬種。
走在紅塵有愛的路上，
嗨——的相迎呼喚；
嫣然相邀，
多情，
共渡大乘慈航，
循來時路，
歸謁淨土爹娘。

情感是人類與生俱來的天性，有了它，我們才有喜、怒、哀、樂的情緒變化；有了它，我們才有情愛、慈悲、溫柔的感情。情感包含情緒和感情，兩者相互作用，不斷影響我們的思想、態度、抉擇、價值判斷和生活品味。在日常生活中，受情感影響的成分，遠比智能來得多。你想想，人們是用理性來表達彼此的關懷，或用純真的情感來表示彼此的互愛？對子女的愛，無論是溫柔或責罵，是源自理智抑是情感？家庭的和諧或爭吵，是由理智引起的抑或情感挑起的？社會的冷暖，是情感的作用抑或知性思考的作用？當然，理智與情感是分不開的，但是心理學的研究已告訴我們，情感對我們日常行為，具有舉足輕重的影響，甚至連思想都要受到情感的干擾。因此，情感正是生活希望的素材。

情感很像水，它可以波濤洶湧，或化作滾滾洪流，使人心情激越而不平靜，喪失理性而陷於狂亂。它也可以像一泓秋水，波平如鏡，清澄無比，現出人性溫柔的一面。情感的狀況，決定個人的行為特質，情感得不到健全的成長，壓力得不到化解，則精神生活必然受到嚴重破壞。

因此，禪家非常重視情感的淨化和陶冶。《六祖壇經》把不平衡或不健康的情感，解釋為容易被環境或刺激所牽動的狀態，並稱這種不健全的狀態叫做凡夫的此岸。另一方面，把平靜穩健、不被情境激越的情感狀態，稱為佛（醒覺）的彼岸。故云：

著境生滅起，如水有波浪，即名為此岸；
離境無生滅，如水常流通，即名為彼岸，故號波羅蜜。

這就是說，人唯有對自己的情感有所覺醒，能自我控制，不被外界牽著鼻子走時，智慧才可能開展，人生才有希望。大乘佛法就是要人成就菩薩行，透過這段人生的歷練，才能真正的成佛，所以又叫做一乘大教。那麼什麼是菩薩呢？它對於人生有什麼意義呢？菩薩的本義就是醒覺的情感，也就是說，真正的菩薩行是經上所謂的：

覺・有情。

這短短的三個字，卻道盡了人文心理學的精義——菩薩是一位清醒而有情感的人，它表現了感情與理智的統整，更表現出健全人格的本質。它就是人性的光輝，是人性的完美表徵。

在佛教的教義中，對情感是很重視的。因為它是一切悲願的來源；是人類喜悅幸福的關鍵，也是純真天性的表露。不過，佛家所謂的情感是純真淨化的天性，而非羅慾佔有的情染。他們在純真之情中流露著慈、悲、喜、捨，表現出情同手足的互愛。不只對人類如此，對一切有情眾生也懷著慈悲之心。人類若能純真無偽的互愛，就能感到親密，故稱為「相攝」。而慈、悲、喜、捨正是達到那親密互愛的四個法門，所以稱為四攝事。

純真覺醒的情感，使人性需求得到適當的滿足。因為它把人與人的距離拉近，而有了彼此都是親眷屬的感覺。它的溫暖，更綻放著彼此相互關懷、信賴和安全的希望，這是人類所能看到最令人鼓舞的情感。《維摩詰經》上說：

不離大慈，
不捨大悲。

這不正是意謂著人類情感的最高極至嗎？佛教是講情感的，在學佛的過程中，如果不將情感加以調理運用，就不能稱為學佛者了。

生活離不開感情和情緒。禁錮感情和壓抑情緒是導致不快樂、不能發揮潛能的主要原因。感情帶來了友愛，情緒使生活多采多姿。我們不必擔心感情豐富，倒反要擔憂感情變得冷漠。感情只要是清醒的，必然能帶給我們歡喜、溫暖和光明的希望。它是最莊嚴的人性，套用心理學家弗洛姆的話說，它就是愛，是生命所以不斷成長，精神生活所以豐沛的根源。

弗洛姆把愛界定為給予，而不是佔有；是一種能力，而不是道德的戒條；是能引發對方產生愛的能力之藝術，而不是沒有回應的刻板行為。弗洛姆所闡揚的愛就是「覺・有情」的愛了，它是充滿生命力的感情，是真正的慈悲。

現在，我要透過「覺・有情」的觀念來探討現代人的情愛、倫理的愛、友愛和國家愛。我深信，每個人都要在這幾個方面看出希望，否則就會發生情感的困擾。在生活適應上出問題，在精神生活上有了矛盾或徬徨。

情愛的柔美

人類是在情愛中誕生，也在情愛中成長，最後成熟提昇為一個「覺・有情」統整人格——一種可稱之為菩薩心智的精神狀態。人生而有情，所以必然會發展為情愛。父母對子女的有情，發展為親暱和溫柔的父母之愛。朋友之間，由於相處之誼而產生友愛。對國家社會，也會因為受到它的照顧而有著國家之愛。

就心理分析學的觀點來看，人類情愛的最初形式是感官的快樂。幼兒在接受溫暖的保護、柔美的逗趣時，會產生快感，快感的來源是父母，便對父母產生了愛，而自己對快感、溫飽和逗趣的需求，也就表現了情愛的回應。這是人類情愛的原始形式。

由於個人的成長，簡單的情愛，逐漸分化，許多原始感官的情愛逐漸昇華，成為人文的情愛和友愛，發展為相互關懷和照顧。但是基本性質仍然是彼此撫愛，以得到相互的溫暖。最後，更進一步發展為給予，一種利他的布施，而成為能放光的主動者，能主動關愛別人，幫助別人，形成真正的慈悲心，這就是菩薩的「覺・有情」。

情愛是隨著心智成長發展而來的，它透過不斷的成長與昇華，而成為高級精神生活表現。因此，情愛如果停留在幼年階段，他的情愛就顯出佔有、爭寵、追求快感的特質；而自私、不安、逃避責任就是他的潛在而不可告人的動機。在低階的情愛下，所建立的夫妻情愛，必然是爭執多於照顧，要求多於給予。在彼此相互苛求中，每天都覺得冷漠不安。怨偶們互相指責的基本語言是「我不是不關愛他，而是他不愛我，現在我已絕望！」這種情愛就走入死胡同裡，是沒有希望的情愛。

戀愛也是一樣，如果一對戀人的相愛，只建立在原始情愛的層面，而尋找一時的快感和新奇。他們只能維持一段時間，而不能建立不渝的情愛。相互需索，或一時互補的快感是很原始的；它雖是愛的一部分，但不是全部。現代許多青年男女，缺乏這方面的認識，而把初級的快感之愛視為終身伴侶的依憑，沒有進一步培養相互尊重、彼此關懷、誠懇負責和知心了解的能力。他們所建立的家庭，便缺乏濃厚的情愛。這正是現代離婚率節節上升的原因。

我不反對浪漫的愛情，但是愛情不可以只停留在浪漫的階段。愛情的發展起先是異性的相互愛戀，表現出親暱、擁抱和快感。這對於一位青年初戀者，像喝了美酒一樣醺醺然。幾乎大部分的人都以為那就是戀愛，那就是愛的全部。在心花怒放下，唱起情歌，寫起情詩，共舞在青春的美夢裡。這是多麼浪漫、多麼甜蜜、多麼癡迷呀！同時，在這醉醺的情愛中，更虛幻地編織著美麗的憧憬，有時幾近神話和「迷思」。

就在那忽而癡忽而癲的戀愛中，有些人漸漸把這份情愛提昇到一個「覺・有情」的互愛上。他們相互鼓勵，相互慰勉，彼此寬容，發展成一種有能力的愛。這使他們決心建立家庭，這個家庭也必然是充滿活力、互愛和幸福。

但是，也有一些人，他們一直沒有從原始的愛中解脫昇華，當新奇快感的情愛過去，他們開始覺得乏味，而冷漠與彼此的相互苛求，正好形成一個感情破裂的漩渦，這就是分手和破裂的肇因。

夫妻的情愛不一定建立在良好的經濟基礎上，而要建立在感情的培養上。夫妻的情愛本身就是一種精神生活的成長過程，從浪漫的戀愛，到彼此互愛和關懷。它是個人的成熟，也是彼此感情的成熟。當彼此能建立「覺・有情」的互愛時，必能同甘共苦，終身相伴，所建立的家庭也必然幸福溫暖，愛情也就永遠不渝。這是家庭幸福和情愛的光明希望。

離婚是現代社會的嚴重問題。對於離婚者而言，一開始總是有一方痛責對方愛情不專，罪無可逭，或嫌棄他粗俗沒有教養，或者自私不體諒自己，或與公婆起了摩擦等等。事情一開始可能是為了一點小爭執、小誤會，漸漸擴大到大吵大鬧和賭氣，以致精神生活紛擾困苦。這時，總會突發奇想，認為「痛苦相處還不如乾脆分離」。在現代人所謂開放與自由的慫恿下，努力改善或寬容對方的積極思想於焉消褪，而離婚的念頭漸漸深入意識，原本情愛就不堅固的夫妻，就走向仳離之路。在他們爭吵之中，一再用離婚來相互要脅，最後，婚姻生活終究在絕望中結束。

離婚是否真的比不離婚好呢？膚淺的看法是長痛不如短痛，離婚之後將可以獲得自由。但事實恰好相反，大部分的離婚者，仍然處於痛苦之中。因為他們把自己從現有的家中連根拔起，分配財產，彼此有如路人。而子女們從天真無邪的稚情，轉變為彼此爭寵、訴苦或發洩的代罪羔羊。他們再看看自己，身心和精神都受到創傷，不免產生孤單和沮喪的心情。不過，他們總是用「我現在很好，很自由」的謊言來掩飾自己。曾經有一位離婚的人告訴我，他所遇到的離婚朋友中，大部分都不快樂，特別是那一層不為人所了解而縈繞在心中的孤單和寂寞。

我認為每一個人生來都會有缺點，只是程度大小的差別而已，而每一個人，大部分的時間都在學習和適應，都免不了錯誤。因此，所謂恩愛夫妻應該是指能相互寬容，不苛求對方的恬淡態度。我深信，夫妻的感情是在單純和恬淡中最為濃郁。要彼此不起爭執心，便可以無事清閒，愜意怡情。唐朝臨濟禪師說：

求心歇處即無事。

如果夫妻倆不相互挑剔責難，從忍讓中看出無事，這正是孕育親暱感情的契機。夫妻的幸福和希望，不是建立在激情之愛，不是依靠著聰明才智和發達的事業，而是建立在有機會去培養情愛，這就是婚姻關係的禪機。熱情會冷卻，熱烈的性愛會消褪，種種無常的考驗有如波濤一般，拍擊著婚姻之船，只有廝守下去，才能穩住你的家，才能揚帆遠航。這就是家庭和諧和人生幸福的希望。

現代人有一種想法，以為離婚並不算什麼，有時還把它當做是一種「現代化」的觀念來傳播。過去，我們的社會文化規範把離婚視為一種生活的失敗，當然，這顯得過於嚴苛，對不幸離婚者的自尊造成打擊。但是，當人們對婚姻產生輕率的態度時，就是不幸的兆頭。因為這種觀念縱容外遇和婚外情，輕忽彼此呵護自尊的態度。而狂妄的想法和動機，將漸漸腐蝕感情的根基。民國初年禪宗大師虛雲老和尚說：

狂心當下息。

婚姻是生活中貴重的一環，要以老實互愛、長相廝守的態度，去培養它、滋長它，這樣才能享受到夫妻香郁的感情。婚姻要從長遠的角度去看它，要以耐心的態度去懷柔它、接納它，終究你會發現，隨著年齡的增長，越看出它的強韌和溫暖。請注意，美滿婚姻的希望是你開拓出來的，你起碼要注意以下幾個美滿婚姻的線索：

- 在感情上要相互支持照顧，尋找共同的興趣，滋養彼此的信賴感，並留給對方一些自主的空間。
- 要相互了解彼此的個性、價值觀念和需要；婚姻是雙方的事，獨斷獨行往往破壞彼此的感情，相互尊重是親密的開始。
- 有任何爭執或誤會一定要立刻消除，不要拖延，增加誤會；賭氣或相互指責，推卸責任，可能是最吃力不討好的解決方式，而諒解、寬容和誠懇道歉是最簡易的途徑。
- 兩個人都需具有積極樂觀的態度；消極的念頭和語言，造成暮氣；樂觀的鼓勵，必然帶來活力和好景。

情愛影響著家庭，也支配子女的心智成長。把夫妻的情愛稱作家庭幸福的守護神，是一點也不為過的。但是，這守護神要在「覺・有情」之中，才會造訪你的家裡。

倫理之情

人類的情感，透過倫理的銑煉，家庭裡就形成了父義、母慈、兄友、弟恭、子孝。也許你會覺得這些事情是過時的倫理規範。事實不然，如果一個人不能發展出實踐倫理的能力，便是精神生活有了麻煩，他的心智成長也不夠健全。一個失去倫理道德能力的人，往往是逃避責任，心神不安；他們的自我控制差，犯罪、酗酒、吸毒、破壞與暴力等通常都是失去倫理能力的結果。

人的情感若不能提昇到人文的層面時，行為往往帶著野性的特質。我們的社會，由於價值觀念的偏頗，家庭和學校教育，對年輕一代缺乏適當的倫理教育，所以社會治安變壞，人與人之間變得冷漠疏離。這種現象是社會性精神生活的危機。

倫理教育可能是最受現代人誤解的一環。一般人認為倫理無非是一種約束的規範，是外來的強制性約定。這是一種錯誤，也是導致倫理教育失敗的原因。事實上，倫理是情感的表現，是設身處地為別人想一想的能力。孔子說：

己所不欲，
勿施於人。

這是一種情感，也是一種情愛。人若具有同情心和同理心，則一切倫理能力也就具備了。因此，家庭的父母之愛是培養子女具有倫理之愛的起點，學校的氣氛和師生相處的情感，是點亮倫理之燈的火種，好的社會風氣便是滋長倫理風範的環境。人所以能負責任、行公義，力行大乘菩薩行，是由於他具有「覺醒的有情」。當一個人能關愛別人時，就能克盡職責，服務人群，所謂仁、義、禮、智，無一不是源自於情性的素質。這世界，若沒有覺醒的情感，才真的沒有希望哪。

我剛剛說過父母之愛的重要，它對子女不只是一種典範，更重要的是一種滋潤和孕育。得到父母清醒厚愛的人，必然具有豐富倫理能力；一個缺乏父母之愛的人，如果不在師長朋友的情誼中取得補救，也就很難發展出完整而有能力的倫理愛。

窮困或顛沛流離的生活，不致影響個人情感的成長，只要得到愛、支持和溫暖，困難會變成道德的素材，苦難反而成為道德的養料。反之，如果得不到愛，富裕的生活則恰似為虎作倀。

友愛是道德倫理的另一重要力量，它表現於朋友、同儕和袍澤之間。它可以溫暖一個心灰意冷的失意者，可以綏靖氣急敗壞的怒漢。友愛能化解落寞，激勵豪氣，砥礪心志。《妙法蓮華經》上說：

慈眼視眾生，
福聚海無量。

友愛本身就是一種福報，它表現出人性之美，流露出德性的偉大，是福德與功德融會而成的人性至德。所以禪者以慈悲心為法門，它是人類所能看到的光明希望之門。慈悲或友愛時時可以在自己性靈世界中開花結果。只稍稍留意，給別人一點讚美，就會現出友愛的馨香；只要能給予別人尊重，留給他一點尊嚴，友愛之花即刻綻放。

我曾經讀過一篇專欄作家包勃・格林（Bob Greene）的文章，裡面說到一個故事：有一位十五歲的男孩，因為得了白血病而住院，醫生告訴他往後的三年，必須接受長期的化學治療。這男孩對自己的未來充滿憂鬱和絕望。他的姨媽為了討他歡心，所以打電話向花店訂了一盆花，還特別叮嚀花店，一定要美一點的鮮花。是要送給年僅十五歲、罹患白血病的男孩。很快的，花店的伙計把花送到了。在花籃裡除了姨媽的卡片外，另外還有一張卡片，是寫給男孩的。上面寫著：「道格拉斯：接聽訂花電話的是我，我在花店工作。我七歲時得過白血病，現在已經二十二歲了。祝你幸運，我衷心關懷你。蘿拉敬上。」道格拉斯接到這張卡片，喜形於色，受到很大的鼓舞，這張卡片給男孩克服疾病的意志。

我深信人類生存的法則是友愛，而不是敵視；是合作而不是爭奪；是相互肯定，而不是彼此責難。我聽說有一位年紀六十左右的大學教授，到駕駛訓練班學開車，教他開車的教練看他動作遲緩，竟然罵他「你笨手笨腳開什麼車！」我覺得這位教練先生很缺乏友愛。這種缺乏友愛的生活態度的意識，會像病毒一樣破壞他的幸福和事業。在我的眼裡，一位六十來歲的老人想學開車，應該讚美他的學習動機，給他鼓勵和悉心的指導才對。

一個社會有無希望和潛能，端賴它是否有友愛。石橋輪胎社的社長石橋正三郎，在他的《隨想集》中寫道：

二次世界大戰結束，京橋石橋輪胎廠的廢墟，有十幾戶難民，在那兒建起屋棚。律師的建議是，如果不及時處理，將來可能成為難題。但是，石橋正三郎的夫人卻以友愛之心，處理這宗難題。她到廢墟去探望這些難民，告訴他們說：「各位都是遭難的可憐人，希望你們在此好好地賺錢，及尋找遷居地方，等我們要興建大廈時，再請你們搬走。」另外又送了慰問品給他們。她的友愛和慈悲感動了難民。到了興建大廈時，大家都沒有異議，抱著感激的心情遷出。

我們在彼此關懷中表現了倫理，在互相尊重和鼓勵中建立倫理，而它的關鍵總離不開醒覺的情感。

國家社會的愛

人類是群居的，也正因為群居所以有著經驗的分享，彼此情感交往，從而產生了共同的經驗，它就是文化。人類所以能不斷增長智慧，是因為文化。文化是集體的意識，它來自過去的歷史、現在的經驗和下一刻（亦即未來）的前瞻。這些意識活動的流瀉，像一條大河一樣，河裡的每一條魚都離不開它。於是家庭、宗族、社群和國家成為每一個人締結的一連串對象。它表現出深厚的情感，而個人與其情感關係，決定了心智狀態，甚至決定其心理健康和道德表現。

心理分析學告訴我們，自愛的人必也愛家、愛社會、愛國家；對社會冷漠、仇視或採取暴力敵意的人，心理必然失衡。因此，心智正常的人必然會愛護他的家邦。你不妨仔細觀察，那些因某些因素，而不得不向外移居或逃避的人，他們的語言和態度，似乎正表現著不安與矛盾。一個不能去愛自己國家的人，他的心中永遠有著徬徨與困惑；而且，只要他活著，總是對祖國存有懷念，甚至採取行動，遇有機會，還想回去為祖國效勞。

佛陀晚年，遭遇國家被鄰國吞滅的慘運。他為了愛護國家，曾在敵軍行進路上的一棵枯樹下坐禪。在陣前督軍的鄰國國王，果然不敢貿然經過佛陀面前。他下馬請問佛陀，為何坐在枯樹下？佛陀告訴他說：「王啊！國家親族的祖蔭是很涼的。」敵國的國王聽了，很受感動，便退兵回去。這樣退兵三次。第四次進兵時，佛陀明白再也勸阻不住了，所以沒有去坐禪。

佛教徒在每天早晚課裡，要以虔誠之心，誦迴向偈云「上報四重恩，下濟三塗苦」，四重恩就是國恩、父母恩、佛恩（含師恩）和眾生恩。〈佛門朝暮鳴鐘偈〉中說：

上祝國家興隆強富，
下資全民人壽年豐。

每一個人都有愛國的心理需要，國家是個人思想和情感的母土，不愛國就等於自我否定。基本上，一個不愛國的人等於背棄自己；他的行為和他的心理需要正好背道而馳。這種狀況，使他的內在心靈世界，有著嚴重的矛盾。這種矛盾的心境顯露著自己精神的墮落，是墮入三塗苦的原因之一。什麼是三塗苦呢？餓鬼是指精神生活的空虛與匱乏；畜生是指無知和刀光血影之苦；地獄是指失去精神生活的希望，墮入不安和苦悶的心理情境。

國家是精神生活的母土（mother land），它像母親一樣，你不可能換一個母親，即使你移民，甘做別國的公民，你還是脫離不了生育你的母土。因為你的心中有她的文化，有她的情感，你對她的情感，一刻也擺脫不了。這是一個國家所以具有強大凝聚力的原因。

愛國的傾向有兩種，一種是積極的獻身，以自己的力量積極為國家社會服務。他們關心自己的國家，維護它繁榮，在各行各業中努力，也形成了一種政治理念，維繫並推動她的進步與壯大，而自己也跟著得到福祐。

另一種人的愛國是諍言的，他們批評國家的制度，時而嘆息，時而激怒的指責，揭開不合理的制度，抨擊不文明的做法。他們聲嘶力竭地喊著，唯恐這母土的慈航大船走錯一步。他們就像啄木鳥一樣，雖然沒有積極施肥給這棵庇蔭天下蒼生的大樹，但卻不斷的為她除蟲子，好讓她長得更高更壯。

以積極的心態去建設奉獻國家，我們稱他叫愛國者；以諍言的態度去批評導正國家，我們稱它為憂國者。兩者表達方式不同，但都建立在「覺而有情」之上，都屬於愛國，都在生活中展露希望。反之，無論愛國者或憂國者，若不能以「覺而有情」去愛護自己的母土，那麼災難也就不遠，絕望就會像捕獸機一樣，正等著你的母土踏入它的陷阱。

醒覺而有情的愛，是有能力的愛。它帶著理性的熱情，不是只有熱愛的狂飈，不是只有理性的冷漠。在個人與國家之間，只有在「覺而有情」中，才看出真正的希望。政治的抗爭，免不了權術應用的激情，但是別忘了，如果它不是奠定在醒覺的基礎上。激情會像水庫決堤一樣，化為洶湧的洪水，剎時芸芸眾生，同遭凌虐，全民艱辛的努力，毀於一旦，果報之重，不可不慎了。因此，有理性的抗爭是國家與社會進步的的力量，「覺而有情」的政治權術，是政治家能看出希望的禪機。

最後，我要指出，我們的社會似乎正被一種冷漠與疏離所籠罩著。人與人之間存著強烈的防衛性和隔閡。大部分的人，心存不安，深恐別人會傷害自己，而把自己的情感藏在心窩裡；失去助人的豪情、布施的壯志和情感的優美。多年前我參加某佛寺的浴佛法會，在法會後的園遊活動中，我背著一包我的著作，想分送給大家結緣。我手拿著書，四處分送，大部分的人以冷漠的表情看看我，一聲不響的調頭走開。當天，除了幾位法師和極少數的信眾，接受我的贈書，報以微笑之外，我所看到的表情是漠然的一眼，一語不發轉身而去。我的誠意和禮貌，並不能換來彼此的信任。我們自喻是一個人情味很濃的民族，但是，曾幾何時，演變成這般冰冷的氣氛。

國家社會的凝聚力不是知識和理性，更需要情感。當情感漸漸被疏離的懼怕與不安腐蝕時，維繫民族文化的血脈便開始僵化，那時危機就四伏了。我們的教育強調德、智、體、群、美五育均衡發展，現在，我們正是加入情育的時候了。我深信，沒有情育的教育是一種沒有生機的教育，沒有「覺而有情」的社會，就是沒有希望的社會。

宗教的情操

宗教是人類屬靈生活的表現，它是精神生活的一環，也是人性需求的一部分。佛教的信仰，除了確立正信、避免迷信之外，更要從情性中信入，在情性中悟出。中國禪的第二代祖師慧可，是在「我心不安」中信入，卻在達摩要他「把心拿出來，我替你安」中悟出。第四代祖道信卻在「願和尚慈悲，教我解脫成佛的法門」時信入，而在三祖僧璨開示以「誰把你捆綁了！」中悟出。可見，宗教的活動，離不開情性。禪宗尚且要從情性信入悟出，至於淨土宗就更明顯了。淨土宗的念佛法門，可以說是一種情感的信賴、淨化和提昇。淨土五經中之《大佛頂首楞嚴經大勢至菩薩念佛圓通章》闡明念佛法門說：

十方如來，憐念眾生，如母憶子、若子逃逝，雖憶何為。
子若憶母，如母憶時，母子歷生，不相違遠。

所以，每一位佛門弟子，都以該念佛法門所說：

若眾生心憶佛念佛，
現前當來，
必定見佛。

一種情性的繫念，是宗教信仰入門的唯一途徑。學佛者必須念佛如佛在，才會感通，而後，再從覺醒和淨化自己的情感中證悟，所以說：

以念佛心，
入無生忍。

當心繫念著佛，便開始跟法界十方諸佛有了感應，繼而如法修行，透過信、願、行三方面，把自己的煩惱化為菩提，把混濁紛亂的情感，化為純真的情感。以念佛的真情，融攝轉識成智和蕩相遣執二門，實現大乘博愛的菩薩人生，便能與佛相憶感應，時時刻刻得到佛的護祐，得到佛的啟發。到了臨命終時，更得往生極樂淨土法界。故經上又說：

今於此界（這世界），
攝念佛人，
歸於淨土。

人的一生，在生命的終極關懷情感上，必須有個出路，有了高級宗教信仰，就能孕育清醒的感情，並與十方諸佛相感應。在你失意時，你得到安慰和鼓勵。在不安時，得到護祐。在你困厄時，得到新希望。

生活上陷於絕望是情感的問題，而不是理智的問題。當人們缺乏醒覺的情感時，頓覺人生缺乏希望，沒有意義，徬徨而不安穩，這才是造成絕望的真正原因。我在《快樂如何追求》書中〈禪與快樂生活〉一章曾討論道：

「絕望是生活中最不快樂的事。人如果對自己的一生看不出希望，就振作不起來，心靈上就會痛苦不堪。反之，如果對自己的有限生命，看出新的希望來，就能活絡愉快起來。有一次，我去探望罹患絕症的病人，他非常頹喪。他的臉上滿是憂鬱和消沉的無奈。顯然他面臨著絕望，而且正被絕望折磨著。我知道他曾經拜過佛，聞過佛法，於是我對他說：『先生！你看不出希望來嗎？』

他那灰暗凝滯的眼神，無助的望著我說，『病不會好，還有什麼希望可言？我得的是絕症，你知道嗎？』他細長的嘆了一口氣，然後，病房歸於寂靜。稍停，我握著他的手說：『我知道你得的是癌症，可能不久於人世。這是事實。不過，你真的看不出新的希望嗎？過去，你在生活上，一定也有過失敗與困局，你是怎麼處理它的？你是老想著失敗，任從失敗蹂躪你？抑或看出新希望，再起爐灶，轉敗為勝呢？不久你就要離開人間了，難道你看不出來下一步的希望是什麼？』這時，我從口袋裡拿出一串佛珠。塞進他的手裡，讓他緊緊的握著，並念《佛說阿彌陀經》的一段經文說：

『若有善男子、善女人，聞說阿彌陀佛，執持名號，若一日，若二日，若三日，若四日，若五日，若六日，若七日，一心不亂，其人臨命終時，阿彌陀佛與諸聖眾，現在其前，是人終時，心不顛倒，即得往生阿彌陀佛極樂國土。』

他聽完這段經文，凝神望著我，然後緊緊握住我的手，並點頭示意。他的眼框中噙著淚水，卻又泛出希望之光。從此，他每天念佛，生活在平靜而又憧憬著佛國的新希望裡。他從嚴重的不快樂中解脫出來，看到了極樂國土的誕生。」

宗教的信仰如果用理智去分析，必然導致迷罔與困頓，因為宗教的情操解體了。人不是只有生活在理智裡頭，更重要的是情感。事實上，理智的產生，遠在情感之後。它是從情感中分離出來的，如果你不把理智引回到情感，讓兩者得以統整，就注定過疏離的生活。而高級宗教，正是提供給你一個「覺而有情」的信仰，它孕育著一個渾厚的信心，不斷的悟出光明，看出希望，福慧增長。

思想的心不是信仰的虔誠之心，也不是純真的心；智能更不是生命之道，離開情感才違背了道。所以唐朝的南泉禪師說：

心不是佛，
智不是道。

在不用心思、不取智辯之下，以單純的信仰，讓自己在醒覺的情感中實現生活，看出生命的希望，這就是佛法的本質。在覺而有情中，人類真正流露著情愛之美，倫理之情，國家之愛和宗教的最高情操。而宗教的情操，正是我們生命的光明希望。

柒 高潔的性情

掌聲響起的舞臺上，
多少英雄豪情，
在落幕的清冷中
化作蒼白的呻吟。
喝采的艷羨，
百千得意辭色，
在深夜寂靜孤燈下
竟拼湊不出自己是誰，
驀然，
遠山寒寺的鐘聲，
梢來消息：
希望畢竟在你的慧眼裡。

情感是孕育個人精神生活的素材，它不但表現於情愛、倫理、國家和宗教，形成自己的生活態度和價值觀念，同時，也影響自己對自己的看法、期許和自我觀念。前者影響著個人待人處世的態度，後者則與個人的內在性情息息相關。情感是生活的主體，它一旦有了障礙，有了執著，有了挫折或壓抑，就會扭曲正常的運作，影響自己的心理健康、判斷、思考和人際關係。這種有障礙的情感，佛門稱做「有念」或「妄念」，而把純真的情感稱為「無念」，禪家說：

無念念即正，
有念念成邪。

人只有在情感上表現得真誠純潔，透過醒覺的力量去實現它，才能在生活上感受到愉快，這就是性情的希望。

通常我們把性情解釋為「人的稟賦和氣質」，或者說性情包含了先天的脾性和情感。性情是個人精神生活的特質，高潔的性情就是幸福生活。它決定人對自己的看法、對別人的觀感、對世事的態度，同時也決定了自己適應能力的水準。性情好，心理就健康，思考就清醒，社會適應能力跟著提高，而心情上也顯得自在恬適。因此，性情的陶冶和提昇是修禪學佛的重要功課。它當然也是實現成功的人生所必須的努力。

性情的核心就是情感，人若能在情感生活中看出希望，有著良好的出路和表現，必然走向幸福的坦途。茲將提昇性情的方法，討論如次。

從個性中流露真情

每個人都有自己的個性，個性是指個人人格的特性。它是個人先天的脾性加上生活經驗的產物。你的生活、你的人生，都離不開個性。因此要用自己的個性來實現人生，把優點實現出來，把缺點加以克服。這就是你的希望，也是你的成功。

你一定要覺察自己的個性。你知道自己脾氣急躁，就得凡事預作準備，多給自己一點從容的時間。你知道自己容易心情不好，有憂鬱的傾向，就得學習恬淡，善於調整生活，多作運動和藝術欣賞。性急的人只要稍加陶冶，可以把它轉變為工作和事業的朝氣和鬥志；憂鬱的人，卻在調整之後，發揮了敏銳和審慎的特性，成為工作和事業的助力。你的個性之中，任何一種特質，都具有優點和缺點，關鍵就在於認清它、接納它、發揮它、克服它。這就是你性情的希望。它決定自己的命運和前途，也決定是否能在凡塵中實現「覺而有情」的菩薩道。唐朝神秀禪師說：

一切佛法，
自心本有，
將心外求，
捨父逃走。

每個人都必須為自己負起責任，去實現潛能，開創生活；而不是逃避自己，或者拿自己的缺陷當藉口，讓自己有了墮落的機會。

許多人常以「我個性懶散」來拒絕規律的作息，因「我的個性不願逢迎別人」而藉口逃避社交活動。諸如此類都不是真正對自己個性有所醒覺，因為他沒有興起積極光明的正念，去轉識成智，提昇自己，把自己的潛能實現出來。請注意，個性的醒覺，必須透過積極思想去發揮。《六祖壇經》上說：

正來煩惱除。

當人能以積極思想照亮自己的個性時，便能發揮優點，把個性中的優點實現出來，性情也就活潑開朗起來。也許你很外向，當然可以選擇一個需要外向能力的工作，好發揮你的潛能。但你也同時要學習冷靜和緘默，因為這些能力是你所必須的。也許你個性內向，應該找一份無需在大眾面前周旋，或處理公共關係的工作，但是你也要試著跟自己的親友保持來往，培養友誼和親密感。

無論你的個性如何，你永遠需要溫暖和安全；需要被關愛和尊重，更需要去敬愛別人。因此，如果自己在這些方面潰敗下來，個人的統整和社會化就發生困難。性情也就有了障礙。特別是當一個人感到孤獨、被遺棄、沒有價值和意義時，自己對自己的看法就有了問題，個性的舒展和覺醒便發生困擾。因此，為了拓展並發揮自己的個性，必須實踐以下禪家的告誡：

- 要真誠對待自己，所謂「老實修行」，無須為了博得別人的讚美或與人一較長短，而違背自己的本質。你就是你，應該清楚自己的能力、興趣和體能，聽自己的真心話，做自己該做的人，必然有崇高的性情。
- 肯對自己負起責任，用毅力去實踐所訂的目標。只有肯承擔失敗，願意在失敗中尋求教訓的人，心智才能不斷成長，性情也跟著開朗積極起來。
- 行善能幫助你肯定自己的價值，透過助人、忍耐、恬淡等實踐倫理，感受到豐富的人生意義，這讓你顯露仁慈的性情。

●人的個性專屬於自己，但必須與家人、朋友、國家社會發生相屬的互動關係，這才不致孤立寂寞。你要關心自己，也要同時關心別人；能肯定自己，也要肯定別人；能自愛，也能愛人，這就是「同體大悲」的性情。

人類文明建立在個性差異的互補上；個性不同，展現的性情不同，所以我們才學會互相敬愛和彼此尊重。每一個人都是唯一的、獨特的，是不能相互比較的，都具純真之美。所以，禪家說：

盡十方世界是自己光明。

你千萬不能因為自己窮而自卑，不能因為沒有高人一等的地位而否定自己的價值，你的價值正是你自己所表現的性情。當你能看出這個原委時，你已經「見性」了。所以，個性急的人是好的，徐緩的人也是好的；外向的人是可貴的，內向的人一樣可貴；愛參與公共事物，領導群眾的人值得尊敬；服從別人領導，恪守本分的人，同樣值得尊敬。這就是「率性」之道。

個性彼此不同，卻是構成文明社會的互補因素，你一定要珍惜你自己。人的迷失是因為想逃避自己，刻意拿自己跟別人比較，而壓抑了自己的特質。然而，自己的特質卻是活潑現成的自己，無相禪師說：

活鱍鱍平常自在。

人只有醒覺到自己一切現成的本質，如如自在的生活，不逃避，不虛偽，不跟別人比較，不作攀緣，則潛藏在自心中的創造力，自然能流露在生活之中，化作成功和幸福，同時孕育了自在的性情，這正是性情的希望。

人要活在純真的個性裡頭，才有光明的豪氣，若活在虛假的個性裡，便不免造作，矯俗干名，流於迷失了。什麼是純真的個性呢？簡單的說，自己的根性因緣便是。人若能依自己的本質和條件，率真的生活，一切顯得自然順遂，心理壓力就減少，自己的能力也比較能得到實現，性情就好起來。反之，若以情緒化的態度處世，以物慾做為抉擇的依據，以強烈的防衛機制待人，那就是虛假的個性了。虛假的個性是「有為法」，是一種虛妄。人最忌諱穿著戲袍，而以為那袍子就是自己，那就注定迷失自己的真性而看不出希望，孕育不了高潔的性情。

透過思想創造心情

一般人都以為思想和情感是互不相干的，但事實上，兩者是交互影響的。在思想的運作過程中，情感的變化足以左右思想的正確性、對事實的認識和價值的判斷。一個有敵意的人常把別人的言行，誤解為別有心機；把別人的意見，視為對自己的刁難；把社會上的種種活動，作擴大的消極性解釋。當然，情緒不穩定的人，在心情好的時候，思想比較樂觀積極，在心情欠佳的時候，思想就顯得消極起來。他們在積極與消極之間所做的決定，有時是相互矛盾的。情感一旦扭曲了思想的運作，則所得到的結論，必然偏離常道。禪家總愛說：

平常心是道。

當自己的思考，不會被不平靜的情感所左右，不被貪、嗔、癡、慢、疑所困惑的時候，便是平常心。有一位年輕朋友告訴我說，不久前她結識一位男友，但她發現男友的心情好像起伏不定，心情好的時候是一種說詞，心情壞時，便告訴她，不要對他存有指望。她很同情他的遭遇，所以愛他。她問我可否跟男友深交，進而談婚嫁。我實在不能替她做任何決定。只能告訴她：「情緒確實影響一個人的思考和決定。你同情男友而產生的情感，必然影響著你對男友的正確認識和婚姻的抉擇。同情和結婚是兩個不同的命題，但在不平靜的心情下，會混淆不清，判斷就有困難。你若確實愛他，就必須培養互愛的情感，那才是『覺・有情』的愛。」

當然，思想也在干擾情感，一個崇信大乘佛法的人，必然發展出大慈大悲的襟懷。具有人道主義思想的人，必有關愛和助人的好心腸；思想刻板的人，必然展現不出熱心的風采。思想活潑的人，很容易欣賞到春風般的幽默與情趣。思想和情感關係密切，互相影響，因此，思想上的改變，可以變化性情，以下我們討論從思想中孕育高潔性情的方法。

首先，你必須把思想的空間打開，不要囿於成見。因為成見破壞了新奇的性情，阻礙了發現新知的喜悅。有一位先生，心情老是被陰陽五行的觀念弄得心神不安，一點也不自在。他知道的禁忌越多，內心的不安和束縛也就越多，他是我看到過，最依賴風水、命理、擇日和趨吉避凶的人。他甚至每天要卜一次卦，好決定一天的運道。每天他想的只有得失和吉凶，只有趨與避的選擇。他的思想簡單化到刻板的程度，這不但導致創意的萎縮，連情感生活也被不安和焦慮腐蝕了。

有一天，他告訴我說，「我知道那天不能去看病人，因為那會沖煞，但朋友大伙兒決定，下午一起去探望醫院裡的老朋友。這是人情之常，我不得不答應，於是當天上午，我便開始擔心，焦慮不安起來。像這樣該怎麼辦？你信不信這些？」

我告訴他說，「不是信，也不是不信，而是要打開正信的智慧；你要用慈悲心去關愛你的老朋友。這時心中只有慈悲之情，而無得失之心，只有人間的正信慈悲，沒有邪妄懼怕的念頭。」當一個人的思想完全被一種學說、臆測或宗教的神秘性束縛時，思想的空間蕩然無存，高潔的情懷和人性之美也就失去了。

迷信這種心理現象，並不只存在於宗教。人若執迷在某一學說或理論，也是迷信。我們都認為科學的證驗是最理性、最客觀的東西，但是，如果一味只相信科學，而不去接觸藝術、哲學和宗教，拿唯一的科學證驗去看人生、去看生命的意義與價值，就是以管窺天，又陷入迷信的窠臼之中。

佛家所說的大乘圓教之宗旨就是「圓覺」。圓代表寬廣，代表自由的空性與生命的實現；覺代表著身心中澄澈的情感、智慧和覺醒。能實踐圓覺就沒有成見、偏見和迷信。這使我們真正感到解脫，而綻放出光明的智慧和豐碩的福報。沒有障礙的思考，就能產生百千風情，這也是禪門的心傳大教。禪門的教旨是：

一法不生，

萬水千山。

人的高潔性情和活潑的生活情趣，是思想從成見和刻板中解脫出來的結果。你所學到的任何知識和理論，都會反過來堵塞你的思想，遮斷你自由活潑的性情。

其次，透過想像的神馳，也能孕育好性情。比如說，當你心情不好的時候，只要走出家裡的陽台，專注地整理一些盆栽，或者買些花材回來插花，都能引發你想像的神馳，而滌淨你的情緒活動。你緊張的時候，可以泡個溫水澡，哼著歌，神馳在逍遙的經驗裡。佛家把想像的神馳，解釋為觀，當別人侵犯你的時候，你要想到對方的無知和不成熟，心裡產生了同情他的念頭，性情自然沉穩下來。

多年前，有一位長輩給我一次難堪又委屈的強烈指責，我非常難過，當晚我讀到隋朝天台智者大師的《四念處》，恍然大悟：

眾生嗔怒是苦，
要可憐他、原諒他，
就是慈悲觀。

就這樣，性情也就轉變了。現在，我經常在電視上，看到立法委員或市議員的問政態度，幾近對個人的羞辱。在此，我建議政府官員，要用慈悲觀來調整自心的平靜，才能冷靜思考，為國家社會盡最大的努力。

思想牽動著情感，你覺得對方很可惡，情緒就激動起來，性情暴躁起來。你所想的正是你表現出來的性情，反之，你的性情也在干擾你的思想。當你憤怒時必然口不擇言，把話說盡了，把事情做絕了，這都是我們所要警惕的。《四念處》上說：

正觀明白。

只有透過正確的思想觀想思考種種困局，才能從紛亂和憂慮的心情中解脫出來，「橫破生死，轉成定心」，把一切橫困的障礙，轉為平淨，那就是「正觀明白」。

其三，要從狹隘的思想框框中超越出來。人免不了有許多獨有的偏狹思想，往往使你的性情變得僵硬不活潑。比如說，有人認為孩子應該完全順從父母親的決定，不容許孩子作決定的空間，結果親子之間經常起衝突。有人認為學音樂和美術會影響子女的功課，所以不讓他們多方面嘗試，孩子多才多藝的發展機會被剝奪，家庭也顯露不出好氣氛。往往我們自以為很對的想法，正巧把許多開展性情的良機給抹煞。

最後是藝術之美，可以引發遐思和美感，它是陶冶性情的最佳方法。我們可以從繪畫的觀賞中神馳魂遊；可以在詩詞的意境中，感動五內；可以在音樂的陶浸中，得到忘我的遐思；可以在舞蹈中，投射出內在的情感；更可以在歌詠中抒發自己的心情。藝術是人類最直接、最切近真實思想與性情的表達，也正因為如此，它對於改變思想和陶冶性情最能達到直接的共鳴。

你不妨傾聽一段梵唄，你會發現那美妙的宗教氣氛即刻襲上心頭，而有了安詳護祐之感。基督徒聽聽聖樂，也會發覺，它正引導人走近神的堂殿，而聞到平安和信心的氣息。

思想和心情是分不開的。人如果一心想博得別人的同情，眼淚自然流洩出來，而振作不起來的軟弱無力，即刻襲擊他的心窩，帶來悲情。如果自己決定要保持堅強，努力克服眼前的困境，勇於承擔它，那麼你的性情，會因為挫折而變得更有銳氣。唐朝藥山禪師說：

灼然一切處，
光明燦爛去。

人只要肯用自己的思想，動一下積極的念頭，無論你遭遇到什麼失敗，一定能振作起來；那時強韌沉穩的性情，會化為智慧和力量，幫助你解決問題。有一位年輕人告訴我，他對前途絕望，責怪自己學歷不如人，健康狀況不佳，沒有經濟基礎，所以萬念俱灰。從他的語言中，可以看出他的百般無奈，和對前途的茫然。於是我對他說：「如果你不想改變自己，繼續受苦下去，盡可以維持你的消極思想。如果你想改變一下自己，那麼學歷低可以多讀書，或念夜間部來補救。健康不佳，可以訓練和從生活作息中改變自己。經濟情況不好，可以工作賺錢，積少成多。你的難題是自己想像出來的，要想轉敗為勝，必須從想像開始。想像自己辦得到、有信心，從近及遠，努力去積小勝成大勝，誠心想辦的都能辦得到。」俗語說，心想事成，只要你有光明的一念，你想成就什麼就能成就什麼，《大佛頂首楞嚴經觀世音菩薩圓通章》裡說：

求妻得妻，求子得子，
求三昧得三昧，求長壽得長壽，
如是，乃至求大涅槃而得大涅槃。

思想改變性情，性情發動為生活的態度，成就一切生活和事業，最後擴而充之，而為大乘菩薩的慈悲心，這就是圓滿的人生，人類性情的希望就在其中了。

在人際間培養溫情

人際的互動是情感生活的網路；我們可以把人際關係弄成衝突、憎恨、對立、疏離和仇視，活得冷酷，活得一點也不溫暖；當然也可以彼此友愛、互助、信賴和關心，讓自己過得溫暖而有尊嚴。很明顯的，兩者之中我們一定會選擇後者。然而，這社會為什麼會產生偌多的暴行和冷漠的行為呢？為什麼會有這麼多的怨偶和破碎的家庭呢？我深信這是一個普遍的問題。

個人的生活，除了基本的生存條件和健康之外，可以說就是人際關係的活動。我們從人際之間感受到幸福，得到被重視和安全感，從而獲得情感生活的滿足。人際生活的情感，給予我們的快樂、意義和價值，就是溫情。

一般人都有受重視的需要，這是很自然的情感表現。如果不能在日常生活中體驗到自己的重要性，情感就會失去希望，失去溫暖和安全感。人在成長過程中，如果不能得到別人的重視和讚美，必然自暴自棄，從頑劣到仇視，由冷漠到攻擊，甚至發展成精神疾病。精神病學家指出，「許多人由於不能在生活中獲得別人的肯定，因而到扭曲的心理世界去尋求，這就是精神失常了。」

從心理分析學的角度來看，人類精神生活的動力是情感而不是理性，情感如果得不到希望的陽光，是不可能沃出豐碩的理性的。人類最重要的情感是被肯定、被關愛、被重視。因此，情感生活的希望是互敬、互愛和互相肯定。佛家告訴我們，人類所以能相互感到溫暖和諧的主要途徑是「愛語」。

愛語是指一個人能從語言中表達敬重他人的美德，它能帶來幸福和最美好的溫情。一位太太在飯後的閒聊中，要先生指教她應改進的缺失。先生說，「讓我想想，明天再告訴你。」第二天，先生送給她一個禮物，上面附著一張精緻的卡片，寫著，「我對你很滿意，我就是喜歡妳現在這樣。」太太在看到卡片時，高興得無以言喻。

現代人習慣性急，恨不得把家人的缺點或別人的過錯，一口氣全部指正出來，結果總是弄巧成拙，把情感破壞了。人最需要的是自尊，如果不懂得維護別人的自尊，在情感上必然遭遇難題。

其實，在企業管理或官僚體系中，人際情感是決定經營成效最重要的因素。有些行政主管，不停地催促部屬，好像每天都在趕工一樣，把部屬視為完全被動的機械，到頭來，人際情感蕩然無存。他們不但心急，求功心切，更嚴重的是求好心切，不時在批評指責部屬，更把過錯推給屬下，在責難與批評中，部屬們的自尊嚴重受損。最後高手紛紛求去，企業機構留不住人才，也開拓不了新局。請注意，佛門的愛語就是溫暖的情感，它的實踐方式是：對別人表示真誠而慷慨地讚美和鼓勵。

這不只是你平常家居的真理，也是廣結人緣、結合人才智慧、發揮創造力的契機。在教育子女上，也要把溫情放在首位。父母懂得讚美孩子，維護子女的自尊，教導的機會才真正出現。老師能考慮學生的自尊，學生才有自愛自重的心意。在指正之前必須建立溫情；在訓練與教導之先，必須先培養溫情。而溫情的重心就在呵護自尊。

培養溫情的第二個方式是關懷。關懷不是記著就算了，而是要為別人做點事。關心也就是佛家所說的慈悲。心理分析學家阿德勒（Alfred Adler, 1870-1937）曾說過：「一個不關心別人的人，將在有生之年遭遇大難，並將大大傷害別人，也就是這種人，才導致人類種種的災難。」佛家一再強調慈悲心的重要，因為它是人類溫情的來源，也是同胞愛和人類幸福生活之所繫。佛經上對慈悲的解釋是：「給予別人快樂，分擔別人的悲苦。」

你若想創造人際之間的溫情，為自己的人生和事業開拓一條坦途，就必須懂得為別人做點事。為別人做點事有時只是舉手之勞，例如讓坐老弱婦孺，給別人一點安慰或協助都是關懷。把關懷別人這種美德培養起來，你的情感開始綻放著希望，它會化為熱心，表露在你的工作和事業上：你的同事和部屬，得到你的關愛，所以樂意跟你共事；由於你的產品和服務，充滿著對顧客的方便與關懷，所以業績也就提昇。

人生最忌諱的事是漠不關心。夫妻之間的冷漠，會導致情感的解體，父母對子女關懷不足，彼此也就漸漸疏離。離家逃學的孩子，往往是得不到關懷所致。所以人際之間，若不能透過相互關懷來培育溫暖，那麼冰冷的心，怎能溫暖自己的幸福呢？

我小的時候，有一年中秋節，家裡窮得連買月餅的錢也沒有，母親用蕃薯做成一個個的圓餅，上頭點上一個紅點。我們覺得它很美，它比鄰居孩子們吃買來的月餅，一點也不遜色，母親對我們的關懷，給予我們無盡的溫暖和信心。

關懷不是一種支配，而是要切合對方的需要。你必須了解，人際之間最普遍的需要是讓人感到自己重要。只要你能從這裡出發，就知道如何給別人信心和尊嚴，如何關懷別人的生活，體貼別人的處境。佛家告訴我們，只有對無量眾生，施以四種關懷，才能成就一切福德和功德，表現出性情的希望。它就是：

與眾生樂，

拔眾生苦，

喜見他歡喜，

對他無憎無愛（不支配和佔有）。

這四種關懷又稱為慈、悲、喜、捨。透過它，人際的圓滿與溫暖才真正建立起來。

在肯定中綻放豪情

每個人都有一份獨有的情感，表現出個人肯定性的本質。肯定性好的人，能真誠地表達自己的感受和意見，能夠以「平常心」去待人接物，內心的矛盾和困擾也比較少，心理健康，情緒穩定。相反的，肯定性差的人，他們經常否定自己的真情，壓抑自己的感受，而生活的豪情也就被鬱鬱寡歡所取代。

有些人，在情感上顯得很拘泥、很害羞，總是隱藏著感情。別人讚美他時，羞於接受。別人對他做不情之請時，礙於情面，不敢婉拒。當他需要別人協助時，又因為擔心別人拒絕而不敢請求。自己有意見，卻又不敢說出來。這種現象稱為肯定性薄弱。他們的特質是退卻，優柔寡斷，心裡經常快樂不起來，因為心中充滿了壓抑。這種不愉快的情感生活，就佛家而言就是「不自在」。

什麼叫自在？什麼叫不自在呢？人若能坦然接納自己，就沒有什麼好逃避，沒有什麼顧忌，一切坦然活潑，一種自性的豪情也就流露出來，我們稱這種豪情叫自在。反之，若壓抑逃避，畏首畏尾，就是不自在。

人對自己的看法決定了處世待人的態度。自我中心太強，就有著傲慢與氣勢凌人的態度。它破壞人際關係，減損社會生活的資源，不但在溝通上發生困難，每天惹來的紛爭，足以讓人不得安寧。

強烈的抨擊別人，或不分青紅皂白，存心貶抑別人，以逞其自我滿足，是侵略性的一般現象。在我們的社會裡，兩部汽車擦撞時，最常見的現象是彼此先來一頓怒罵，面紅耳赤地互相指責，等著由第三者或交通警察過來處理。他們寧可相互叫罵，而不願冷靜下來，和氣商量解決之道。嗔怒是侵略性的產物。犯嗔毒的人，不但以唇槍舌劍傷人，也容易以暴力戕害袍澤。它是人類種種衝突的根源，也是破壞和諧與幸福的原因。所以禪家說：

嗔是心中火，

能燒功德林。

憤怒的時候，人們除了激動的情緒，無法控制的衝動之外，似乎沒有理性，沒有關愛，沒有留給別人尊嚴的機會。這時情緒變得兇暴，情感的希望已不復存在。

反之，人們若能接納自己的自我，又能維護別人的尊嚴時，一種平等情感交流於焉誕生。彼此在交流中，看到情感的希望——一種純真持平的肯定性就綻放開來。禪家對人類情感交流的告誡是：

平直心，

如水常流通。

你必須不急不躁的表示自己的意見；說真話，不打誑語，不壓抑自己。這可以使自己內在心靈上，維持清醒和平靜。禪門不鼓勵人們多話，但卻要人說真話，而且是「時而後言，人不厭其言，樂而後笑，人不厭其笑」。這樣，才能在緘默中道盡千言萬語，在平淡真誠中，表達完整的意見。太多的語言未必能正確表達自己的意思，完全的壓抑更是自我否定的絕路。人若想在人際之間，透過肯定性，培養自己的豪情，讓生活顯得莊重，就必須注意以下的原則。

首先，態度要誠懇莊重，目光相遇時不必閃躲。體態自然平穩，表情保持自然，不可在悲哀或嚴肅時面露微笑，而卑恭屈膝之情更須避免。語言務必肯定，語調必須適中，所謂「安心自在」，正是性情的道場。

其次，要自然的表達自己的感受和意見，無需壓抑自己的感受，該讚美時，就及時讚美，無需壓抑，錯過時間，便流失了溫情。另一方面，要維持別人的尊嚴，當別人對不住自己時，則要避免給人難堪。經上說：

來去自由，
通用無滯。

只有清醒的人才有自由的情感。

其三，處理別人對自己的侵犯，在溝通上，只須真誠說出自己的感受，說明事情對自己的影響，不要貶抑別人的自尊，批評他人的品格。

其四，你有你的情感和思想，你為自己的生活負責。因此，無需太在意別人對你的看法，你要根據自己的根性因緣生活才對。

人唯有能自我肯定才可能維護完整的本真，能接納並肯定自己的情感，能說一聲是與不是，才能讓自己活得有自主性和自動性。禪家說：

不被境轉。

人必須了解自己純真的情感，接納它，從而孕育自己的肯定性與豪情。請注意，只有在肯定性的豪情中才能看出身心情感的希望。

在平凡中享受閒情

力爭上游和追求卓越是人類的天性。不過，這種天性在相互競爭的價值觀念體系之下，就扭曲成為超越別人、出人頭地、想擁有更多權勢的野心。每一個人都希望在別人面前表現得不平凡，都希望被人羨慕，被肯定。結果，強烈的爭奪，無所不用其極的競爭手段。使一個人變得瘋狂起來。

大部分的人都處心積慮，想把自己變得重要和受到肯定。在互相比較的觀念下，大部分的人卻成為失敗者，甚至連排名第一的人，也未必滿足「追求了不起」的慾望。人類的大部分愚行，似乎都發生在這個心理陷阱裡。人為了使自己不平凡，把生活變成手段，本末倒置，生活的悅樂和閒情被犧牲了，所以禪家說：

無功福無比。

你只有不求勝過別人，不虛妄的強求出人頭地，才可能把自己從慾望紛擾中，拉回到平靜的閒情，享受充實自在的生活。

我們的教育，無時無刻不是在教導孩子獨佔鰲頭，壓倒群雄，所以學生不是為了求知，而是為了競爭排名次。老師重視的是分數，而不是人性與智慧的啟迪，這是教育觀念的倒錯。結果，那些成績較差的學生，被視為失敗者。我認為這是今日教育體制中，最違背常理、最不人道的一種現象。

教育必須建立在發展每一個人的天賦與潛能上，每個孩子都必須被尊重、被重視。同時，要教育他們認清生活的本質是實現，而不是比較。只有這樣，每個人才各盡其才，都得到尊重與肯定。換言之，人類唯有覺醒到自己是獨一無二，而且能以平常之心，去過謙遜的生活，才能看出生活的偉大意義和神聖的層面。

每個人都應該在自己的生活中，看出生活的情趣，接納生活的挑戰，在苦中看出它的韌，在樂中享有它的悅，在挫折與失敗中慶幸自己挨得過來，在無盡的疑惑中提醒自己正好學習，這才稱得上做生活的主人。唐朝荷澤神會禪師說：

萬法皆從心生，
心為萬法根本。

只要你不去跟別人比較，老實的依照自己的因緣去努力、去生活，便是所謂「無心是道」。這樣一種平凡之心，正是促進自己悠閒自在、進而發皇實現的禪機。刻意想佔上風，挖空心思想出人頭地，那麼生活就要大亂，不只身心俱疲，家庭生活的情趣也破壞了。《永嘉證道歌》上說：

作在心，
殃在身，
不須怨訴更尤人。

自己的煩惱和不幸，是野心造成的，你怎麼能怨天尤人呢？人世間，可以拿來比較的東西無窮盡，如果一味要當一個不凡的人，必定使自己心疲力竭，性情之美也就蕩然無存，又怎麼能看出精神生活的希望呢？禪家說：

分別各相不知休，
入海算沙徒自困。

還是老實一點生活，只問實現，不問比較。只問享用，不求享有。只知平凡，不求非凡。不求功，不干名，功名來時，不要把它當功名，只把它看做實現的機會。好一顆平凡之心，展現無量光明智慧與自在：

不見一法即如來，
方得名為觀自在。

這就是禪門的持心。在日常生活中，只有懂得平凡，才有真正的樂趣和清閒。你用不著誇耀自己，所以覺得清閒。你不必擔心別人的閒言閒語，所以無憂無慮。有空閒的時候，你可以種花養性，可以作畫怡情，可以詩歌抒懷，可以散步健身。這能使你在忙碌的工作之外，發現「雲無心以出岫，鳥倦飛而知還」的情懷。而松老雲閒、曠然自在的野趣，卻也能在都市叢林中展現清機。現代人是勞碌的，是多慾奔騰的。所以要在擾攘的生活中，培養平凡的閒情。不妨忙裡偷閒，淨化身心，靜靜地讓自己甦醒。當你能體驗到：

兀然無事坐，

何曾有人喚。

這樣一種孑然獨立之情境，你便會發現，生活的本質確實不是尋求別人來肯定，而是要你自己去肯定自己。唐朝懶瓚和尚說：

向外覓功夫，
總是癡愚漢。

不要再迷失了，要平凡些。只有平凡之心，才看出不平凡的希望。平凡之心，最容易孕育友誼，因為你親切，不虛假，不以高明逼人，不以睥視的眼神君臨別人。所以你通身散放著人情味，這種人情味是貼切溫暖的，是閒適的君子之交，像清水那般高潔。平凡的友情最美，最符合人類的天性。唐朝永嘉大師說：

圓頓教，
勿人情。

真正對人類情性最有益的圓滿之教，不是建立在庸俗造作人情上。

現代人為了會友，必須山珍海味，流俗成風，大家揮金如土，一客西餐高達萬元。在許多人的觀念裡，宴客若不是昂貴，就不夠體面；邀友若不講排場，就不夠隆重。至於是否真正隆情高誼，那就不去聞問了。所以一場婚禮要有百桌酒席，一個歡迎會要盛大場面。但酒席才散，離婚之念已起；歡迎的熱情未消，利害衝突已深埋在心。我認為，人類最需要的還是恬淡和平凡。只有這樣的情誼，才是真正的幸福。

功利的社會風氣，正影響每一個人的性情；緊張、忙碌和競爭的生活方式，已把感情生活扭曲。

我們當然要繼續用理性來發展一個更富足的社會，但是如果在情感上，沒有得到淨化，找不出它的出路，那麼這科技的社會和都市叢林，比起幾萬年前，人類生活在原始叢林裡，將更加危險。該是重視性情開展的時候了，否則絕望的情感生活，將活活把我們悶死在浮躁多慾，彼此冷漠的現代社會裡。

請留意！人生很短，我們是來生活的，而不是來爭奪的。是來拓展幸福的，而不是來彼此折磨的。我們來尋求精神生活的出路，看出希望和意義，而不是來迷戀那帶不走的虛名、地位和財富。

捌 開朗的情懷

一束憂鬱的小花，
在焦躁的花市中嘆息，
我買回家來，
插在佛龕的瓷瓶裡。
廳堂的蔭涼抒展了生機，
淨瓶的清水沃開了絢爛，
花笑出咯咯的香郁，
葉伸展細緻的輕韻。
聽！花兒已在歌頌：
「如是我聞……」
噢！是生命的梵唄。

情緒的好壞，影響你的身心健康，決定生活的品質，左右思考的方向，並間接決定事業的成敗。情緒，可以通俗的解釋為心理世界的氣候，表露出喜、怒、哀、樂。它能干擾思想、態度和判斷。因此，情緒一旦有了障礙，必然產生心理上的困擾，甚至帶來心理疾病。

憂鬱的情緒好像一層濃濃的烏雲，沉甸甸的把心理世界的陽光遮住，下起陰霾的雨；激動狂飆的情緒，像狂風大雨一樣，讓你衝動怒吼，引來火爆的衝突。由於情緒是個人內在的激動狀態，所以它是絕對主觀的。不同的兩個人遭遇同樣的挫折或打擊，所產生的情緒狀況截然不同。能從事態中看出希望的人，情緒顯得平靜；不能從中看出希望的人，情緒即刻激盪起來。憂鬱的人，激動不停地迴旋在自己心中，焦慮和失望使他痛苦，愁眉不展。衝動的人，情緒向外強烈的發洩，一時失控，向外攻擊怒吼。當然，不同的人對相同的順遂得意，也有截然不同的情緒反應。能看出深度意義的人，反應著謙遜的喜悅；反之，就會狂喜慶祝，成功往往沖昏了自己的頭。所以，佛家把那種看不出希望的情緒狀態稱為「妄緣」，而且告誡說：「淨化你的妄緣。」

一般人都以為情緒是與生俱來的，情緒的好壞、穩定與否，都是天生的。事實不然，根據心理學的研究，情緒是後天學來的習性。因此，如果想克服自己情緒上的衝動不安、改變焦慮煩躁的心情，一定可以透過重新學習，而獲得改善。在佛家的修行當中，情緒的調理與淨化，是一門很重要的功課。透過情緒的學習過程，思考清楚了，人際關係改善了，感受性提高了，對人的寬容和耐性也就增長了，整個情懷或心境也開朗悅樂。就在這時候，情感和理智調和，綻放著光明智慧之光，而適應環境和解決問題的能力，也就充分表露出來。這就是禪家所謂的：

般若大神珠，
分身千百億。

憂鬱的情緒，能扼殺你的快樂。憤怒的心境，會破壞你的和諧人生。不安的情緒，令你懼怕而畏縮。緊張的情緒則造成膚淺而出錯。如果你希望在日常生活中，讓內心的大日如來佛性展現出來，你一定要在情緒生活中找出它的出路，看出它的希望。否則，理智就會被情緒障蔽，被洪水般的激情所擊垮。

人若能在情緒生活中看出希望，就可以淨化它。請注意，生活本身必然會附帶著情緒，我們不可能放棄或壓抑情緒，而是要引導它走向清醒；使惡劣的情緒化為開朗，把畏懼不安轉變為樂觀自在，這就是情緒的希望。人若想要活得好，一定要在情緒生活中，看出希望來。以下討論改變情緒、看出希望的方法。

看出順逆對你的意義

生活總在順逆之間循環，在成功與失敗間交替，在稱心與委屈中反覆。禪家認為順利、成功和稱心，未必都是好的。因為順利成功的同時，已經埋下失敗的陰影；在躊躇志滿的剎那，已經種下錯誤的因子；在完全適應環境的時候，創意已遲頓下來。所以，在成功和得意的時候，要知道它的意義與價值，才可能看出下一步的希望和曙光，否則，必然墮入逐漸擴大的新陷阱裡。大的成功，緊跟著而來的是更大的挑戰，如果沒有在成功的同時，虛心學習，力求心智的成長，成功的背影就是失敗。

反之，失敗也沒有大家想像的那麼糟，只要能看出失敗的啟示，失敗確實能帶來成長的智慧。每一個人都是從失敗中獲得成功的經驗。因此，懼怕失敗的人，必然斷送成長的機會。所以禪家常說：

無善無惡，

無貴無賤。

好的開始未必是成功的一半，開頭失敗未必就不會成功。成敗與否，全仗你是否從中看出它給你的啟示與意義。成敗之間是無情的，但禪家卻知道聆聽「無情說法」，看出它的啟示，聆聽它的契機，從而增長智慧。所以生活的關鍵不在成敗得失，而在於你能否看出它的禪機，發現它的希望之光。

風水好，地理好，對你未必就是好；你得志了，卻養出不肖子；發了大財，卻壞了家庭和氣；得到一時的成就，卻留下無可彌補的遺憾。我的意思不是要你死守老子所謂的「福禍相倚」和「有無相生」的觀念，而是要你從禪的法眼去突破，看出它的光明面——事情的希望。那麼，福可帶來更多的智慧和成就，禍也可以給你帶來啟示和新希望，令你轉敗為勝，佛家把它叫圓滿法。而這個圓滿法是建立在智慧的不斷增長之上。

當我們不能在種種事件中，看出它對自己的意義、啟示和價值時，不但思想愚昧，情緒也會隨之鬱悶紊亂。我們很難確定，究竟是因為思想愚昧，才導致情緒的嚴重困擾，抑或情緒有了障礙，才影響智慧的開展。不過，無論如何，如果你不能從種種事件中看出希望，必然導致情緒、情感和思想的迷失。

逆境是人所不願意接納的，逆境使人產生痛苦的情緒。但我認為，痛苦的情緒是逃避「解讀」逆境的意義所造成的。也就是說，當自己未能發現失敗的價值時，便看不出希望，看不出發展的空間，因而產生絕望抑鬱，痛苦不堪。有一位年輕人跟我說，當他知道自己的一份祖產，被做生意的長兄賠光時，他一點也沒有難過。我問他為什麼？他說：「從那天起，我真正有自食己力的環境，我可以為我的生活自豪。」

有一位朋友告訴我，他年輕的時候，遇到一位脾氣火爆的老闆，跟他做事的伙計，經常流動更換。他也承受不了老闆的脾氣，想另謀他就。他母親知道時，特別從家鄉趕來告訴他說，「你若能接受老闆火爆脾氣的試煉，將來才有足夠的耐力和寬容去做更大的事業。」於是，這位母親帶著他到佛寺去拜佛，並禱念著說，「佛啊！感謝你的福祐，給我的兒子一個這麼好的訓練機會，我現在祈求祢，給他一點平靜之心和智慧，好讓他通過考驗。」這位朋友，果真耐得住，也得到老闆的信賴。他們共事得很好，也為日後發展事業，奠下厚實的基礎。

古時候，有一位滴水禪師，教學非常嚴格，許多人都學了一半就打退堂鼓，只有峨山禪師堅持下去，並且說：「僧有三種，下等僧利用師家的影響，中等僧欣賞師家的慈悲，上等僧在師家的鏈鎚下日益強壯。」人只有從鏈鎚下，發現它的意義，才看出希望。這時，一切苦也都能承擔了。

有一位先生問一位法師說，「我幫人作保，結果賠了很多錢財，請師父為我念經，好解一解厄運。」師父看了看他說，「報怨行。」稍停，又說，「經已經念好了。」這位先生又問，「報怨行是什麼意思？」法師說，「損失了這些錢財之後，你的厄運也就不復存在了。好好的努力吧！」這位先生即刻有所領悟。

打破情緒的障礙，也是一種解脫。但最直截了當的方法就是悟。從你的困頓中看出價值，光明的思想和蓬勃的朝氣就可以引燃起來。從你的遭遇中看希望，你又會振作起來，這就是情緒生活的希望。

人在艱難的時候，情緒最不穩定，意志力最易動搖，這個時候，若能看出堅持下去的意義，那麼痛苦就會減輕，甚至消失。禪家說：

豁然大悟。

這也是指大悟之後的豁然。因為在悟的時候，他已看出了生活的光明面，看出生命的玄旨。他再也不會被迷妄的情緒和苦惱所束縛了。

一九八三年我脊椎跌傷，重創到幾乎不能行走，每天躺在家裡，望著天花板發愁，而疼痛難耐，是不可言喻的。當時，我對自己未來可能的行動不便有著嚴重疑慮，所以煩惱就更重了。內人是我的同修，他看到我的苦悶，也是心疼的。不過，有一天她卻對我說，「先生！我看你以前所學的佛法，似乎是拿來說給別人聽的，自己並沒有受用啊！」就這麼一句話，直接滲透心靈的底蘊，我的眼前一片光明，有所契悟。我領悟到即使從此不良於行，也要接納這個事實，因為「畢竟是我自己」，我已發現到這件困境的意義，在困境中看出了新希望，「我決定即使是躺著，我也要把微妙甚深的佛法，通俗地寫出來，讓更多的人得到這分清新智慧的洗滌。」於是我開始寫作。我的業餘寫作生涯，就這樣展開，而身體也在醫療和持續的復健中，完全恢復健康。

心中存著一念光明希望或意義，可以使自己在工作中避免惡劣情緒的發生。無論你從事任何工作，不如意者十之八九。如果你對自己的工作，懷著崇高的理念，就能鍥而不捨的堅持努力下去。

從前月船禪師為了賑災和實踐他師父發願建寺的遺志，到處替人作畫，不但價格極高，而且要預付。於是，受到許多人的批評和侮辱，他都覺得無所謂。經過很長的時間，終於完成了心願。他放下畫筆，退隱山林，從此不再作畫。他的忍耐和堅持，就是靠著希望來維繫著。我深信禪門的說法：「心須是清淨的。」而一顆清淨的心，必然展現希望、光明和活力。

用否定來肯定自己

在日常生活中如果不懂得割捨，必然造成生活複雜，心情紊亂。人若能以單純的信念生活，就能剔除種種的誘惑和干擾，使自己活得起勁；若能懂得寡欲，自然免於牽腸掛肚的紛擾。單純和知足，就是禪者所謂的「無」。他們用「無」字來否定繁雜，驅除壞情緒，截斷狐疑，停止三心兩意。禪者所謂的無，即是要否定虛妄，肯定真我，「大死一番，再活現成」。唐朝百丈禪師答覆弟子問什麼是大乘頓悟法門時說：

先歇諸緣，

休息萬事。

只有透過淨化自心，智慧才綻放著希望之光；情緒才可能真正的安寧。有一位先生告訴我說，他念大學的時候，常常覺得自己不夠專心，讀書效果不佳。他請教一位法師，這位法師只告訴他參一個字，這個字竟然就是：「無。」法師還解釋說，「打開書來無旁念，念頭來時別睬它」。

他試了一段時間，竟然發現「無」字很像金剛王寶劍，真的可以「佛來佛斬，魔來魔斬」，息心息念，真能專注用功。

唐朝的趙州是最善於以否定來肯定真性的禪者。所以禪家稱為「趙州無」。意思是說，你若能抗拒引誘，就能當主人；若能否定貪婪，就能平靜心安；若能有所不為，就必能有所為。

我們總是礙於情面，才勉強答應了不能應允的事，不便推辭，才壞了大事；一時心動，涉入陷阱；一念心貪，才鑄成大錯。如果不懂得以否定來肯定真心，必然使自己陷入困局，所謂晚節不保，那是因為疏於否定最後一次來襲的妄念所致。

「無字參」是很妙的，它可以幫助我們撥雲見日，讓心情開朗，恢復平靜。在波濤洶湧的世事中，我們必須以平靜之心，看待流逝的波濤，古人說：

水流雖急，境長靜；
花落雖急，意自閒。

生活在一個忙碌緊張的開放社會裡，世局種種變化，有如急流；人事變遷，更是白雲蒼狗；經濟金融的起落，諸多詭異。如果你未能定下心來，就照見不出真實的事象；如果你不懂得否定與割捨，就免不了迷失之憾。有一位小姐，在聽過我的演講之後對我說，她深知在股市跑短線有如賭注，所以一直不願意涉足其間。一段時間之後，眼看著朋友賺了錢，於是動心了，也把自己的積蓄投入股市，沒想到股價節節下滑，跌入谷底。她非常懊悔難過地說，「老師！你說的對！我在『利多』的引誘下，不能說一個『不』字，才有今天『利空』的結局。」隨後，我告訴她說，「現在最重要的是看出這件事對你的意義，而不是再難過下去。現在，你已經知道這件事情的意義了嗎？」她面露笑容的告訴我：「無。逝者已矣！來者可追。」

禪者經常教導弟子，從否定中找出肯定。但否定不是把自己連根拔起，把自己的自性也背棄，消極的走向「住空」，執著在消極裡頭，從現實生活中逃避開來。這就有了危險，有了嚴重的消極和壓抑。請注意，禪家的否定法門是割捨，是放下妄緣，從虛幻中走出來，看出真實的希望。

摘下狂妄自大的面具

人為了維護自己的尊嚴，多多少少總為自己戴上面具。愛面子、逞強、虛偽、撒謊等等，都是為了維護尊嚴。明白一點說，尊嚴往往與自大密不可分。如果你不能從尊嚴的五里雲霧中，看出一點光明的希望。它一定會破壞你平靜的情緒生活。

人的尊嚴是很脆弱的，很容易受到傷害。有人批評你，便覺得尊嚴受損，面子掛不住。所以勃然大怒，心情惡劣，甚至處心積慮，亟思報復，扳回面子。越講求尊嚴，自我強度就越弱，受傷的機會就越大。所以禪家告訴我們，一定要把「我相」放下，把美麗的面具摘除，要如如實實地認識自己、接納自己。

越是不能自我接納的人，越需要尊嚴；越是自卑的人，越是需要面子。所以禪家常說：「放下，歇歇著。」

那是要我們把沉重的面具放下來，不要被它壓垮了。事實上，帶著自己的假面具，會使你失去自由，令你焦躁不安。因為它好像在夏天裡穿上華麗的大衣一樣的不智。

韓國前總統全斗煥，在一九八八年的冬天，受局勢所迫，逃難到百潭寺，當時正是嚴冬，酷冷的天氣和簡陋的生活設備令他苦不堪言，窗子是紙糊的，寒氣逼人，沒有取暖的設備，吃的更是簡單。一個國家的元首，在頃刻之間，生活有著天淵之別。權勢去矣，名譽掃地，顯然是孑然一身空了，還能剩下什麼呢？我想沒有比這樣的打擊更嚴厲的了。他在百潭寺過了一年，也修行了一年，韓國的佛學作家南知尋去拜訪他時問，「初到百潭寺時，最難以適應的是什麼？」全斗煥先生說：

「是在佛殿裡，向菩薩叩頭膜拜。我一到寺廟裡就決心遵守寺規，與和尚一起拜佛，但是要我下跪向菩薩磕頭，卻讓我難為情透了。過去我所知道的都是舉手或彎腰敬禮，而且大都是別人向我敬禮，不是我向別人致敬。因此，每當我跪地磕頭時，總讓我覺得自尊心受到極大的傷害，我更不希望讓侍衛們看到我的那種模樣。

「不過，三個星期之後，我就不再有屈辱的感覺了。現在我是非常虔敬的向菩薩磕頭。我也由衷地接納了佛教是我的宗教。」

全斗煥在百潭寺的第一年，「我相」的虛妄太重了，所以覺得非常痛苦。特別是失敗與挫折對其尊嚴的打擊，更使他「覺得像是被丟棄到荒涼的田野，當時看建築物好像幽靈。」

人若不能看破尊嚴的虛偽性，便會執著在嚴重的自我迷戀之中。稍稍一點打擊，就有著嚴重的心理創傷。特別是生活在一個開放的社會，誰都有自己的看法，都可以提出異議，都可以反對你的看法，拒絕你的好意。如果為此而你覺得自尊受傷，你怎麼會有好的心情，去作更多的創造與實現呢？

人要想在情緒上生活得安和，除了要勘破我相和避免執著於汲汲追求自尊之外，還要進一步去愛護別人的自尊。你若能維護家人的自尊，家裡就一團和氣；若能照顧同事和朋友的自尊，工作交友無處不順遂。事實上，人類心情的希望，就在勘破我相和維護別人自尊中顯現出來。

在作息中調整情緒

作息的情況與情緒生活也大有關係，如果你的作息是緊張的，經常在強烈的慾望中奔騰，生活變成白熱化的渴求，在得失之間，形成心靈的矛盾和怨天尤人的窘迫，那麼，情緒生活真可謂惡劣了。

你要當心，情緒惡劣除了表示不幸福、不快樂之外，健康也必然出現問題。根據調查研究，因心臟突然停止而猝死的人，有百分之二十，在死前二十四小時內，受過強大的心理壓力。在日常生活中失去家庭的和諧、慰藉和支持，是引發心臟病的重要因素。心理壓力和心臟退化，乃至對疾病的抵抗力，也大有關係。因此，工作的態度，生活的節奏，心理的慾求，都需要作適當的安排與調整。

醫學研究發現，每五個人之中就有一位在玩電子遊戲時，像進行生死搏鬥一樣。這些人，在平常生活中，情緒容易激動，血壓顯著上升的次數，每天可能多達三、四十次。在治療上，除了降血壓和抗心律不整的藥品外，這些人還要進行諮商、施以鬆弛技術，和調整生活作息。

作息的實際狀況，能影響思考、情緒和情感等心理活動。它是精神生活的全部，也是幸福的本身。因此，禪家告訴我們：

平常心是道。

道就潛藏在平常生活與作息之中，只要你能把它調理好便是道。唐朝趙州禪師問南泉禪師說：

「是否在平常心之外，還有可以追尋的道呢？」南泉說：

「如果生活本身之外，還有可追尋的，必然使生活偏離正道。」

我們必須在日常生活中調整自己。「青山元不動，白雲自去來。」你自己若不被境界拖著走，而把生活軋得紊亂不堪，起伏不定，這不也就是禪定嗎？現在，我要告訴你如何在作息之中，看出好情緒的希望：

- 學習做好你的工作，更需要學習喜歡你的工作。要看出它的價值，才會真正喜歡它。不喜歡自己的工作，等於不喜歡自己；這會產生嚴重的自我否定和空虛。
- 性急和貪婪兩個因素，會使你背離安穩踏實的生活常道。要避免讓自己一頭栽進狂熱之中，這不但沒有把事情做好，反而讓自己陷入聲嘶力竭的掙扎之中。
- 要學習安排溫馨的家庭情趣。必須要主動的付出，而不是被動的享受；要在主動的逗趣、分享平安、有益的交談和互愛中，看出美好家庭的希望。
- 你的行持完全表達在語言的世界裡。要在說話和肢體語言中，時時保持傾聽、接納、勿作評斷，不要自以為是，但要表達你的愛意。

此外，在生活作息中要學習緘默。如果你要說的話會影響別人的自尊，會激怒自己的脾氣。那麼，你最好還是放下你那「替天行道，知無不言，言無不盡」的習慣。學習緘默對你和對別人都有好處。禪家說：

語默動靜，

體安然。

這是說，以緘默做為你的語言，以恬靜當做你的行動。這時，你就看出安然閒適的希望。你可以去散步走走，可以歇歇唱一首歌，那就可以避開一次情緒瘋狂奔瀉的危險。而美妙的希望，就在那兒出現。

人免不了遇到困頓、落魄、或受到嚴重的打擊。有人以無奈的態度苟且偷生，不能在作息中振作起來。比如說，疾病、親人的死亡、離婚或失業等等，對個人而言，打擊是很大的，情緒生活必然陷於困絕之境。有人以為，佛家對於這種情境，多半教人柔順與認命。其實，這只對了一半，也只看到佛門智慧的一面而已。對的，佛法教人要柔順的接納自己的遭遇，那是要人避免怨天尤人，去面對事實。然而第二個對治之道則是積極的努力。佛經上說：

正精勤。

要對自己負起責任，肯去「承擔」，不可陷自己於自艾自憐；而要越過心靈的傷口，奮力振作，看出心中的太陽，接受大日如來佛為你洗滌消極的念頭，讓自己能活在雨過天青的新天地。

人總是在作抉擇時，發生矛盾的情緒反應。猶豫不決，患得患失，以致一事無成。因此，你要清醒的了解自己的價值觀念和動機，明白自己的條件，擺脫你的野心和虛妄之念。然後，你要勇敢的做決定。佛門的智慧是：「大雄，大力，大智慧。」

如果你想當一位優秀的管理人才，這份基本的性情是要把握的。當然，不是每個人生來要當管理人才的。不過，任何一個人，在日常作息中，能把握這個原則，總是可以自由的割捨，成就自己的志業。

接受自然性靈的洗滌

如果你有機會看一個多媒體的宇宙天體影片，或者讀一篇娓娓動人的天文報導，你會神往，投入於浩瀚無垠的天體，神馳忘我。驟然，你忘了自己，而原有的自我觀念卻在無限廣袤的宇宙下，相對變得渺小，而另一方面，清妙的靈性卻不斷的擴大。好像自己從狹小的房間，走出遼闊的原野一樣，感受到自己與無限的時空融合。這時，你發現了短暫的甦醒，從許多人為的、刻板的、慾望的和偏狹的思維和情緒中解脫出來，輕鬆無比，寬心舒暢。這時，你清醒、無私和喜悅，沒有匱乏，沒有偏執，不是空虛，更不是昏睡。那是什麼呢？我可以告訴你：「禪定。」

它使你從自己的繭中走出來，看到四周的美、寧靜和祥和。你的心與法界發生了交會。頓時，一切煩惱如風吹雲散，真是「萬里無雲萬里青」了。

人來自自然，自然之於人類有如母子的關係。當我們接近大自然時，心裡頭總有一種親密的感受。所以登得越高，看得越廣，心胸越是寬闊喜悅。就如你從飛機上鳥瞰山河大地，自己與山河大地同等開闊。

人來自大自然，身心涵藏著它的靈秀之氣；當你被利慾薰出塵垢時，情緒困頓了，思想愚頓了。這時，別忘了要接近大自然，接受它的洗滌。《永嘉證道歌》中說：

江月照，松風吹，
永夜清宵何所為。

這是多麼一針見血的體驗呀！你要不是面臨江上的明月，或者在深山幽壑裡接受松風的撫慰，是不可能發現閒情逸致，滌蕩千古愁的感受。所以，當你為著自己的事業奔波，或者在宦海急流中忙碌，或者為著不如意的事情而看不開時，要給自己一個機會——接近大自然。給自己留點時間，去接受它的撫慰和懷抱。你就會驟然清新。這時，你與淨土法界將有個交會，只稍念一聲：「南無阿彌陀佛。」

就在這一念之間，你皈依了永恆光明的覺性（阿彌陀佛），你與法界的精神力量同步，接觸到佛的清淨法身。從而孕育了你的高貴心志和智慧，而展現了圓滿報身。這時，你的一切思想、情感和智慧，都會很自然的表露出來，無處不相宜，那就和千百億化身佛有了默契。你聽過吧，《阿彌陀經》上說：

樹木花草，
悉皆念佛。

人一旦契入覺性，就可以在平凡的生活中看出悅樂歡喜的生活情懷。宋朝雪竇禪師說，「一切處光明」，指著就是人與自然同步契合時，所啟迪的那分光明清淨情懷。自然的壯闊，山川的靈秀，太空之無垠，星體之奧祕，只要你放眼神會，接觸到它，便不得不肅然起敬，引發你內心的幽思寧靜。自然本身就是偉大的藝術、詩歌和優美的音樂。它能扣人心弦，淨化塵勞，孕育高妙的情操。

懺悔與復甦

懺悔是在心智上徹底了解過錯、在情緒上洗淨愧疚與宿怨的方法。因此，高級宗教都會有懺悔的儀式和活動。佛教也有懺悔的儀式和活動，那就是拜懺。一般而言，拜懺是為了消除業障和祈求福祐。透過拜懺，虔心誦念懺文，把自己過去的錯誤懺盡，把過去的心結打開，把自己的不安和懼怕消除。繼而，厭離種種惡行，發心修行，淨化自心。誠如《慈悲三昧水懺》中說：

發露懺悔，
不復覆藏。

當自己把心中的積鬱和惡劣的習慣（惡業）懺盡之後，便有了清淨之心，有了發心向善之強烈動機，引發福慧增長的實踐力量，故云：

一切苦具。

轉為樂緣。

從而發大慈悲心，願把自己的快樂和功德，與一切有情眾生共同分享。很明顯的，佛家所謂的「拜懺」，是一種實踐性倫理，洗滌自己的情感，檢討自己的過錯，洗面革心，發心實踐大乘菩薩行。故云：

懺如浣滌，

以水為名。

透過這個心理淨化與覺醒，才能真正「慧日普明，覺海性圓澄」。懺悔是人類心智提昇的最佳途徑之一，是給自己改過自新、淨化情緒和恢復活力的最佳方法。但是，要注意，懺悔最重要的還是改過遷善。聖印大師說：「唯有懺悔，會帶給我們無窮的希望、無盡的光明。」

當你積鬱的時候，不妨透過唱頌佛門詩歌，一方面淨化情緒，一方面讓自性中的智慧，透過佛法的引發，綻放出光明，看出新的希望。

在佛教的教義中，有兩尊佛各代表兩個不同的心靈世界。一尊是藥師琉璃光如來，祂代表東方淨琉璃世界。藥師佛是治療眾生疾病業障的，祂以淨化的方法來治病，讓一切有情眾生的心靈都能像淨琉璃一樣，照亮著生命的希望，去過悅樂圓滿的生活。另外一尊佛是阿彌陀佛，代表著西方極樂淨土，祂教人以平直心待人處事，並接引佛法的實踐者，到西方極樂淨土以成就不退轉的圓滿功德。淨土象徵著精神生活的清純，也代表著人類精神生活的終究希望。

懺悔，令我們洗滌自己。洗去濃妝，才看清自己。改正消極的思想，才展放積極心智。淨化虛妄的心情，才現出活潑喜悅的人生。懺悔可以淨化思想、情感和眼光，讓自己看出生活的希望。

我們都是平凡的人，有各自的優點和缺陷。生活在忙碌多元化的社會裡，當然有成功也有失敗，有得意也有失意，每個人都不免要承受各種壓力、緊張和煩惱。因此，現代人在情緒生活上，總離不開一些困擾，在情感上顯得焦慮不安。因此，大家都需要清淨開朗的心情。但是這種輕鬆的情懷，不是不停的追逐得來的，而是在淨心中發現來的。

大家也許太忙碌了，長期的積鬱，使得有些人感到焦慮難耐，有些人覺得莫名的倦怠，甚至有些人要藉著酒色和藥物來麻醉自己。這都是現代人精神生活上的困境。

情緒多半是學習來的，人可以從環境中學習焦慮和不安，當然也可以透過許多陶冶訓練來培養開朗的襟懷。但我認為，最重要的方法是學習在困頓與失敗中看出意義，提醒自己用否定虛偽來肯定真性，嘗試從放下狂妄中看到生活的自然之美，也要調整作息，接受自然的洗滌。

最後，你需要一點宗教的情懷。透過信仰的力量，以懺悔來淨化自己、提昇自己，從而走出自己的繭，看出遼闊的精神法界，看出那片「心淨即佛土淨」的希望和悅樂。它就是究竟圓滿的生命情懷。

玖

人生的希望

借來靈鷲的長翅，
高空俯瞰、盤旋，
山林千陌野綠，
竟分不出西東。
登上海岸的高峰，
望著大洋婆娑，
海連天，天連海，
分不出是天是海；
只有手中的一串念珠，
細咯咯的響著，
來自佛陀的呼喚。

每個人都是獨特的造化，都注定要依自己的根性或本質去生活。人必須有勇氣接納自己，面對現實，然後，才能從中看出希望。每個人彼此不同，除了接納和珍視自己，好好實現自己的生活之外，別無希望可尋。

佛家認為，每個人的業力不同，所以命運互異。生活的使命，就是要接納自己，讓自己活得好，活得有意義，有價值。佛門所謂的業力，透過心理學的觀點來看就是潛能。因此，生活無非是要把潛能實現出來，成就自己的絢爛人生。

你一定注意過，某甲出生在貧困的家庭，遭受偌多匱乏窘困的折磨；某乙卻生長在富裕的環境，從小就得到完善的照顧。張三讀起書來，過目不忘；而李四卻要鍥而不捨，才稍有成績。有人天生身體強壯，而有人要接受殘障或虛弱的困頓。這些都是業力。在你的生命之中，涵藏著無量的業力；有些是好的，有些是不好的；有些令你稱心愉快，有些令你受苦受難。而生活的本質就是接納自己，發現優點予以實現；承擔缺陷，表現自己的純真與豪氣。這就是生活希望之所在。

業力或定數未必使人順利一輩子，如果你不肯努力去增長智慧，不肯開拓自己的潛能，不願意在道德和性格上提昇自己，那麼再好的運道，氣數一過，便淪為悲苦。反之，稟賦或運氣雖差，如果懂得「轉識成智」，越多的琢磨，越能促進實現意義豐富的人生。

人最忌諱比較高下，在多與少之間分辨，在高貴與低微間挑剔。拿自己跟別人比較，就會否定自己，使自己陷入失望或絕望。所以，生活的基本態度是接納與實現，不是在比較中滋生困擾。禪家說：

無好醜，
無高下。

我就是我，必須自己能肯定自己，才能剛強起來，豐足起來。百丈禪師所謂「放捨身心，令其自在」，指的就是自己如來的實現。

看出自己的希望

我們必須承認，每個人都有自己的業力，它正是自己存在的本質，也是自己用來活出意義的素材。生活的本質是接納自己，而不是排拒自己；是按照自己現在的境況，好好努力上進，看出生活的悅樂，而不是否定自己，怨天尤人，導致沮喪。請注意！看出愉快的是你自己，感受沮喪的也是你自己，反正你要為自己去生活，為什麼不從光明面去看？

你的潛能正是你自己現有的一切。如果能夠實現，就有了快樂，就覺得自己有用，生活有了意義。你注定跟別人不同，所以你要接納自己，用自己的能力去工作、去生活、去實現生活，而不是與別人比較，這才能肯定生命的價值。

人生就像農人種田一樣，一定要在自己的田上耕作才行。你不能因為自己的田貧瘠而抱怨、不耕作。更不可以羨慕別人的田肥沃，而把自己的秧苗種在他人田裡。這樣自己就會一事無成。你要接受自己的田，雖然貧瘠，但可努力施肥，改良土壤，或更換適當的作物。這樣，才能豐收，才能使自己富裕，這就是佛家所謂的福田了。

我們把自己的潛能實現出來，無論是勞力或勞心，無分工作和職位，都要誠心敬業去做，福報在其中，善緣在其中，智慧從而增長。這就是為什麼有些人從伙計做起，可以創造一番大事業，有的人並沒有什麼高學歷而能創造成功的事業和光輝的人生。

每一個人都應該依自己的根性因緣去實現，人不可能把自己變成別人而獲得成功。你就是你，是唯一、獨特和值得珍惜的。人只有珍惜自己才會成功，因為路是你自己走出來的。你要走自己的路，而不是去走別人的路。《碧巖錄》中說：

直下八面玲瓏。

佛教的人生觀，簡單說就是「你是你自己的實現」。佛陀的教誡是：唯有以接納、承擔和讚嘆的態度，去面對自己的生活，否則就會迷失。真正的醒覺就是了解自己、接納自己和實現自己。

佛陀在靈山法會上拈花微笑，無非是告訴世人，每個人都像一朵花，每一朵花都不相同，開出來的顏色、花瓣、香氣都不一樣。但是花兒綻放時那種喜悅是相同的，是值得報以欣然微笑的。

好好的實現自己的潛能吧！也許你是一位工人、一位教師、一位工程師，乃至計程車司機或小商販。但你注定不能跟別人比較，而是要正視它、承擔它。你所承擔的是生活的艱苦，實現的是將業力轉變成服務社會的能力。人就是在實現與布施當中，透露生命的光輝和喜悅。實現是人生的神通妙用，布施與喜捨是解脫業力與煩惱的法門。唐朝百丈禪師說：

不被諸境所惑，
自然具足神通妙用，
是解脫人。

當一個人能自然地實現自己的潛能。沒有壓抑，沒有被物慾所扭曲；不逃避困苦，不執著於利養，便能看出生活的希望。百丈禪師所謂：「學道之人，若遇種種苦樂，稱意不稱意事，心無退屈，不念名聞利養衣食，不貪功德利益，不為世間諸法所滯礙，這樣就能實現豐足自在的人生。」

在佛陀的眼中，每一個人都很尊貴，都很重要，都具佛性，都是社會上的菩薩。工程師設計了藍圖，但工程是由工人完成的，兩種人在生命歷程中，表現了不同的布施和服務，卻一樣的重要。企業經理的待遇也許比業務員要多些，但是就生命的實現而言，卻沒有兩般。明白到這一點，就能發現生命的意義，獲得喜悅和滿足。如果不能體驗到這一點，一頭栽進比較的熱鍋，不滿和怨尤，將破壞幸福的生活。一個人是否幸福，完全決定於自己是否對生命有個「正見」。

有些人日進斗金，月賺億萬，坐高級的轎車，住最華麗的房屋，穿最美的衣裳，但是並不快樂。因為他生活在得失、不安、貪婪和縱慾之中。他以佔有代替布施；沒有轉識成智，把潛能真正的展現為光輝和慈悲，反而再把它變成更複雜的業力。他們與天生的佛性（覺性）背道而馳，不是為了實現而生活，而是為了追求與囤積而生活。請注意！不停的渴求和追逐，在心理生活上就是一種匱乏。他注定生活在貧窮之中。

禪者的生活態度並非意味著不該發展事業，一展自己的長才，而是要我們注意，任何事業都要建立在服務與布施之上。人只要違背這項天性；就注定在精神生活上有了殘廢，即令是再富有，也只不過是貧窮的富人罷了。

人生貴在實現，只有實現者才能發揮自己的潛能，珍惜自己的生活，欣賞生活的點點滴滴。只要你不與生活的實現疏離，不把實現變為貪婪與佔有，生活就幸福。

參透人生一齣戲

從禪學的觀點來看，人生有如披上業力的外衣，在演一齣戲。得意的時候，也只不過在戲台上得意而已，當你脫下戲袍，還是赤裸裸的自己。所以禪家常說「畢竟是你自己」，你千萬不要被戲中的得意事務沖昏了頭，這會使自己迷失。同理，在失敗的時候，也用不著過於沮喪看不開，要想想那些演苦旦的人，一上了戲就表演得悽苦無比，但一下了戲還是喜樂自在。若能看出這一點，你就知道老和尚要人參悟「人生如戲」的本意是什麼。

其實，人生如戲還有更積極的意義。那就是要把人生這齣戲演好，接納並愛惜自己在戲中的角色：在學校做一個好學生，在家裡做一個好子女，在社會上要當一個好國民，在子女面前當一個慈愛的父母，無論扮演什麼角色，都要把它做好。

人生免不了要受苦。你要在這齣戲中，知道含辛茹苦是活下去的本質。你必須認清只有最好的演員，才能演好苦旦的角色；只有大明星，才能演得起苦難英雄或要角。所以佛家講求苦行、布施和救度眾生，重視逆來順受，都是為了成就那扮演你自己角色的「真我」的演技，它即是菩薩行。

有一天，你的有限生命來到終點。也許佛陀問你：人生這齣戲你演得如何？你會說什麼？也許你說「你沒有演好」，考個低分；也許你說「我在舞台上演苦旦，下了台卻很開心」；或者你說「一輩子沒把真實和台詞分清楚，離開了戲棚，還穿著戲裝，說著台詞，像是一個瘋狂的人！」

請留意，你要認清「人生如戲」這則公案。在人生的舞台上，你要演好它，但又要清醒的知道，它是一齣戲。

心靈的皈依

如果你想有個光明精進的人生，實現大自在的生活，就必須依賴三個重要的理則和力量。那就是皈依佛（自性的醒覺）、皈依法（實踐的倫理）和皈依僧（清淨的性靈）。透過皈依，我們孕育了宗教的情操，滿足了超感的人性需要，讓自己有個崇高的價值理念，在醒覺中看出生命的意義，在佛法指引中活出希望和活力。在覺性的引導下，我們不但接觸到精神的本體，也看出生命究竟的圓滿與希望。三皈依就像穩穩的三角架，讓自己安穩成功。

皈依，給自己的人生有個期許，立下美好精神生活和啟迪智慧的開端。從許多障礙中解脫出來，徹底獲得自由，知道自我控制。讓自己發揮創造力和智慧，能夠在這塵世中活得有朝氣，有一番好的作為，而不虛度此生。同時，為自己的圓滿人生，締造成佛的資糧。現在讓我們來了解三皈依的涵義。

皈依自性的醒覺（佛）

人生最根本的問題是如何面對自己，如何看待自己。成天拿自己跟別人比較，要在別人面前炫耀，甚至期望別人的讚美，那就注定要迷失了。一個向外追求的人，必然把自己的本質和對別人的情分當做達成私慾的手段，他否定了自己，也踐踏了別人。

皈依佛表示皈依了純真的自性。對法界而言，我們皈依佛的慈暉，得到佛的護祐；對自己而言，是誠懇地接納自己，實現自己。一個不能接納自己的人，會覺得空虛，經常隨著外界的變動而隨波逐流。他們是無根的、是漂泊的，隨時可能被慾望引誘入彀，成為物慾的奴隸。

自我醒覺表示自己能做自己的主人，感情和理智沒有疏離割裂，人格是統整的，因此，心中沒有矛盾，也沒有困擾，福慧具足，故稱為「兩足尊」。覺者不以挑剔的眼光去看生活，所以生活是愉悅現成的；不以不滿之心去嫉恨別人，所以人際關係是和諧的。他們珍惜的是自己手上有的東西，發揮它，享用它，所以能腳踏實地的生活，在事業上如此，在情感上也如此。禪家告訴我們：

皈依佛，
兩足尊。

我們唯有能自我醒覺，才能使自己的生活智慧得到開展。在人我之間不對立而產生兩足，在感情和理智上得到圓滿而產生兩足，在世間與出世間上融合而產生兩足。科學與工技不斷的發展，能為我們帶來許多物質上的方便和滿足。但是人類是否有希望善用自己的科技成就，那就要看是否能自我醒覺了。

皈依實踐的倫理（法）

佛教指出，要想開拓光明的人生，就必須奉行「實踐倫理」。倫理不是拿來討論的，是要身體力行的。倫理也不是刻板的教條，而是一種智慧的展現。佛教的倫理是智慧的、是實踐的。它的目的在於精神生活的圓滿，並及於世間生活的福報。

佛法的倫理包括兩個部分，其一是規範，包括生活的戒律以及種種行願，如普賢行願的十大願、八正道等等。其二是佛法的實踐理性，講「蕩相遣執」，從「破相」中解脫種種成見、偏見、刻板印象和知識，而用智慧去作判斷。同時，要更進一步把自己的慾望「轉識成智」，昇華為實踐倫理的行為。

就心理生活層面而言，沒有倫理就不可能有所承擔，就失去自我控制的能力，這麼一來生活就會亂了章法。佛法的倫理是要從破除自大自傲的「我相」，消除彼此對立的「人相」，破除執著於安逸的「壽者相」和掃卻滋生虛幻煩惱的「眾生相」。也就是說，人類唯有懂得「空」的倫理，才有真正的智慧去省思、去創造，活出至真至善至美的人生。

佛陀告誡我們，上述四種相會障礙真知卓見，障礙彼此之間會心的交流。因此，人唯有看清並掃除這些障礙，才能看出光明希望的人生，故云「離欲尊」。

人類的精神生活，最容易被五種毒素所侵染破壞。這五種毒素是貪、嗔、癡、慢、疑。佛教的倫理是要做到：

●化貪婪為恬淡
●化嗔怒為寬容
●化愚癡為智慧
●化傲慢為謙卑
●化疑心為信心

佛法的倫理即是菩提行，它是人類所發展出來最完美的人文倫理。透過它的陶冶，人們才有健全的精神和圓滿的人生。經過它的歷練，人們才有大自在的生活態度。

皈依清淨的性靈（僧）

皈依僧是指「皈依淨」的意思，是要淨化自己的心靈，展現自性淨土。皈依佛門，以僧人為導師，去除心中的種種煩惱、憂喪和牽掛。人類精神生活所以發生困擾，是因為有了障礙的緣故。精神生活的障礙，大別可分為三種。其一是缺乏倫理觀念所導致的「業障」，也就是說，當人做了不正當的行為，或者不能為自己的行為負起道德責任時，就會帶來嚴重的業障（業的意思就是行為）。特別是不能負起責任，最容易造成空虛和落寞，而許多錯誤都在百般無聊時鑄成的。

其二是「煩惱障」，是有了種種虛妄的念頭。這是由貪、嗔、癡、慢、疑五毒所誘發出來的。此外，當一個人不能接納自己，而時時想要逃避自己，一味要追求做一個別人眼中的強者，也會導致強烈的不安，衍生心理防衛的機制，這也是嚴重的煩惱。其三是「所知障」，這是對知識、意見和價值的執著，所產生的煩惱，舉凡成見、偏見和刻板觀念，都是從思想的障礙中產生的。這些障礙除了破壞醒覺力、創造力之外，更影響人際關係，造成生活適應上的困難。所以禪家教導人們徹底淨化自心。《六祖壇經》上說：

但淨本心，
使六識（眼、耳、鼻、舌、身、意）出六門，
於六塵（色、聲、香、味、觸、法）中無染無雜，
來去自由，
通用無滯，
即是般若三昧自在解脫。

這就是智慧的展現。淨化自己的情緒就能發展出好性情，淨化自己的慾念就能知足

常樂，淨化自己的思想就能通權達變，淨化自己的目標就能集中力量，使事業有成。

淨能使自己從許多干擾和障礙中解脫出來。它使人放下不必要的假面具，而以清新的態度面對自己的生活，這就能夠從許多束縛和「眾煩惱」中解脫出來，所以叫「眾中尊」。也正因為自己能解脫種種煩惱，才顯現了人性的尊嚴，它就是生活的希望。

實現人生的希望

人必須從接納自己開始，依自己的條件去努力。你手上現有的任何資源，都是你實現的素材。你注定依照自己的素材而成功。這種沒有虛妄、篤實生活的態度就是淨，就是所謂的「無心」。唐朝牛頭法融禪師說：

恰恰用心時，
恰恰無心用；
無心恰恰用，
常用恰恰無。

應用禪心表現出來的，是人生的大用，是成就一切事業的基元。然而禪宗畢竟還是講究「無心」的，當你應用這些基元獲得成功時，又必須以不役於物的態度，保持「恰恰無心用」的超然物外。這樣世間法（幸福的人生和事業）和出世間法（從清淨中孕育精神）融合為一。為了實現這樣一種如實的人生，唐朝的洞山禪師提出五個實踐的步驟，即向、奉、功、共功、公功。現在就這五個原則的涵義加以闡釋。

扎根向學（向）

如果你想實現成功的人生，第一要務就是努力向學。你要學習的東西真多，待人接物，為人處事，種種學識以及必要的能力，都必須在年輕的時候奠下紮實的根基。缺乏起碼的學識、經驗和能力，是不可能孕育智慧、成就事業、提高自己精神生活的。因此，洞山禪師認為人生的第一步是「向」。它是一種願力，一種好學的精神，也是明確的目標。努力向學，就是要培養自己具有成功者的性格。你必須具有這些性格。才可能實現潛能，創造事業、人生。它就像你要吃飯、吸收營養一樣，能使自己碩壯，產生力量。所以洞山禪師解釋「向」時說：「吃飯時這麼生。」

你要像每天吃飯一樣不停的學習，每天吸收和消化。這樣才能孕育出成功者的智慧與性格。現在，我建議你努力的重點：

●學習明白事理，把握重點和清楚的思考；要多參與、多觀察、多切磋、多檢討。這樣你就能把握人性，分清事理，這就是「理無礙」的功夫。

●除了廣博的見聞之外，你要對自己的專業痛下功夫。好的專業知識能使你清晰思考，建立信心，做事胸有成竹，容易成功，這就是「事無礙」的功夫。

●學習信賴自己，培養積極的思想和果決的態度。你要用自己的創造力把思考和專業能力融合為行動，這就是「理事無礙」的功夫。

●要從生活和工作中不停的學習，不斷的增長見聞，把人生建立在不停的茁壯上，這樣能使你處處稱心，那便是「事事無礙」的功夫。

有驕人成就的人，並非由於他有超然的天才，而是由於他肯努力向學。同時，在那積極努力的背後，有一股強烈的使命感在推動他，那就是信仰。

實現自己（奉）

學習的目的就是要去過實現的生活。學習是手段，最終的目的是為了生活。因此，洞山禪師指出，生活的第二個原則是「奉」，是依據自己的根性和因緣，好好的去生活。你不是為別人生活，也不是生活給別人看。這時，要經常提醒自己，把自己的虛妄之心洗淨，老老實實的生活，故云：

子歸聲裡勸人歸。

要了解你自己，接納自己，然後用自己所學的東西，好好的去生活，就好像吃飽飯後，不能坐在餐桌上，等待下一餐，有如飯桶一樣。而是要站起來，離開餐桌，去實現生活。故云：

背時這麼生。

這時，你要能活用所學，無論居家生活或發展事業，一切都是活生生的挑戰，要做出智慧的抉擇和回應。生活是不容抄襲別人的，更沒有現成的答案，所有的回應都要自己負責，並承擔它的結果。所以，一定要接納自己的本質，才有實現的喜悅。

你必須了解自己的個性，如果自己很容易緊張，就不應該為了一時的名利，勉強接受紛擾多爭的工作。如果你是內向的人，就不該為了博得別人的羨慕，而從事你不堪負荷的交際工作或職位。人貴在了解自己，然後，依自己的根性因緣去實現，必然能發揮自己的潛能。

放下得失(功)

生活本身就是一種責任和承擔，它並非全是快樂。人為了生存下去，有時必須承受許多痛苦；為了獲得成功，必須付出代價；為了堅持理念，必須接受苦難。佛家認為生活的本質是苦，而我們要在苦中找出一些快樂，那就是生活的希望，所謂「苦中作樂」。

這看來似乎容易，但做起來並不簡單。比如說，人病了怎麼在苦中作樂？工作是辛勞的，怎麼化為快樂呢？洞山告訴我們，你若把得失之心放下，就會快樂；從炙熱的慾望中跳出來，就會快樂；從苦難中看出價值和意義，就會快樂。你必須學會超然物外，想想人生就像穿著戲袍的人，你會莞爾一笑。你也必須懂得在辛苦的工作中欣賞辛苦。

唐朝的臨濟禪師有一天在田裡工作，他的老師黃檗禪師過來看他說：

「我看你是累了！」

臨濟的回答卻是：

「我連鋤一下都沒有，怎麼會累呢？」

當自己沒有埋怨下田動鋤是苦時，就不以動鋤耕種為苦。當努力要完成自己的心願時，也會不辭勞苦。所以洞山指出，心中如果沒有懼怕動鋤疲倦之念，就沒有耕耘之苦，故云：

放下鋤頭這麼生。

心理學家弗蘭克（Viktor E. Frankl, 1905-1997）說：「你若覺得苦具有意義，你就不覺得它辛苦了。」能看出這一層，就能孕育出剛強的意志力和樂於實踐的情操。所以，你雖然是辛苦的，但卻有著用不完的力量，好像「枯木花又開一樣」，有著無比的活力。辛苦忙碌中似乎也抱著清閒的襟懷。洞山禪師說：

月皎風清好日辰。

這是多麼美的精神力量，洞山禪師把它稱為「功」。

自在的襟懷（共功）

現在，每一個人經過一番努力之後，都各有所成，各有所獲，就好像到花園裡去採花一樣，彼此所採的花都不相同，卻都很美，彼此也不應該比較。每一個人都實現了自己，對社會的貢獻也是絕對的、不能比較的，所以說：

眾生諸佛不相侵，
山自高兮水自清。

每一個人都根據自己的根性因緣實現，都是平等的、圓滿的、珍貴的。對於社會而言，任何一個人，只要他能實現自己的能力，為社會作一番貢獻與服務，都成就了菩薩行。每個人的工作和事業不同，成就不同，但實現的功德卻沒有差別，所以叫做「共功」。

洞山解釋共功的意義說：「不得色。」這意味著，眾生實現的功德是平等的，不應該從色相中去分別高下、分辨貴賤。每一個人都能在自己的工作與生活中見性成佛。這也是對人性尊嚴最高的肯定。

現代社會，人與人之間爭奇鬥勝，學生在成績高下之間計較，成人在財富與權勢的尺度下競爭，以為分數高就好，名利豐就是尊貴。結果，競爭引來了對立，高下形成了摩擦，社會處於一片擾攘之中。這是現代人精神生活貧乏的主要原因。

現代人鮮少高級宗教的信仰，又復缺乏人文思想的陶冶，把價值判斷完全置根於色相，用數據和財貨來衡量生活的品質，用地位和一時的風光來代表成就，生活就埋沒於色相之中。人為了色相而爭執，為了佔有而疲於奔命，為了利害可以變得冷漠與仇視，這是我們的危機。該是我們學學「不得色」的時候了。

謙虛與成長（公功）

只有透過自我肯定和實現，人類才有性靈生活的平等，才覺得自己重要，活得有尊嚴。但是，洞山禪師並不以此為圓滿，因為這樣的尊嚴和知足，雖然可以成為無心道人，卻有可能因為安逸之心，而使自己喪失繼續增長智慧，失去奉獻和參與的能力。這時實現的腳步又會停下來。

禪者認清一個事實：精神生活是不能陷於絕對和刻板的。所以洞山禪師引用《華嚴經・入法界品》中，善財童子為實現大慈大悲的人生之道，參訪五十三位菩薩，接受他們的指導，努力去實踐。這表示精進和不斷增長心智的態度。彼時，善財已經不是為了自己，而是為了一切有情眾生。他的精進和智慧已入於法界的本體。這種由小我昇華到無我，而卻又是一個如如的我；從自己推己及人乃至一切有情眾生，而生「無緣大慈，同體大悲」，自己卻保持著自己的如來，這就是洞山禪師所謂「公功」了。

洞山禪師對「公功」的解釋是：「不共。」簡單的說，不共就是自心的完全自由，把我相解脫了，卻還保持著光明精進的精神力量。把色相放下了，卻能不斷的進步；把一切比較乃至行善之心放下了，卻顯露著沒有條件的慈悲心（無緣大慈，同體大悲）。於是，在整個心理成長上臻於成熟，謙虛地回到生活中來。所以他說：

頭角才生已不堪，
擬心求佛好羞愧。

他不再執著於成佛的念頭，而是很自然的迴向一切有情眾生，回來跟大家相處在一起，幫助他們，大家高興的時候一起歡欣，有了苦難則一起承擔，人的精神生活在完全的成熟時，復歸於平常，但這又何其難喲！禪門所謂：「最後，見山還是山，見水還是水。」不就是一種成熟的平凡、圓融的謙虛嗎？

然而，在目前這樣一個感性文化型態中，由於太強調表象，過於重視急功近利，以炫耀與出人頭地為價值取向，完全無視於深度的精神生活。結果，在生活上，普遍被貪婪這種病毒所侵害，以致失去彼此一體的慈悲與關愛；更無從在精神世界裡，看到大自在的豐碩證果。結果，大部分的人都顯得虛偽，而又強烈的傲慢；不敢冷靜下來老實的生活，卻又裝著有深度的架勢。一旦有了財勢名利，把它看做絕對，竭思全力的佔有。這是心病，是虛弱到淪為物慾奴隸的地步了。

我們的希望在哪裡？在自我實現，一顆慈悲之心和一種平懷的態度。能如此，則人生將顯得輕鬆、豐足和悅樂，這就是禪道。

人活著需要一個好的信念，它給我們方向，給我們精神上的鼓舞和引導。但是信念不是預設的教條，而是自己透過智慧去發現的希望。

希望屬於你自己，你能活出希望，在精神上發現那份寧靜，並與宇宙本體相會心，才會有永恆的安穩。這當然要用你自己的生活和因緣去發現、去實現得來的，而不是恪守教條刻板生活中得來的。

活在希望中的人是幸福的、自在的、充實的。透過禪的法眼，你一定能活出自己人生的希望。

結語 平凡生活中的璀璨希望

人們都以為自己很清醒，知道冷靜的思考，其實大部分的人都很容易接受暗示，情緒的起伏就是最明顯的證據，意志的動搖更是直接源自外來的威脅。我們很容易被色相欺瞞，所以誘惑者的溫和聲音和動情利誘，足以使人墜入陷阱。在接受引誘時，自以為看到了希望，事實上已墜入了絕望。受辱動怒時，自以為在伸展尊嚴，實際上已淪為情境的奴隸，失去解決問題的能力；希望的大門，就因為一時的迷失而關閉。

在經營事業上，合夥人之間的一點誤會，可能成為吞蝕整個大企業的黑洞，因為明爭暗鬥正好消磨了他們的創造力。在人際交流上，誰都免不了被誤會，或因意見不同彼此有爭執，如果把它看成奇恥大辱，心中就會憤恨難平。在家庭生活上，總有不如意的時候，如果一頭栽進煩惱堆，那麼幸福也就消失殆盡。請留意！所有的色相和事物，無論好的壞的、高尚的卑下的、順的逆的，都帶著一個陷阱，如果你不能從中悟脫出來，好事會變為壞事。若能從中超越出來，厄運可以化為好運。禪家的教誡是不要被色相欺瞞。故云：

色即是空。

若能看透色相，不要被它矇騙，就能清楚的思考，看出希望來。要常常提醒自己，色相容易導致你思想和情感的錯亂，如果你不能勘破它的束縛，你就注定要成為色相的奴隸。

人若不懂得「色即是空」的道理，那麼越多的財產就有越多的煩惱；越高的名望，就帶來更多的苦悶。現代人財產富了，名片上的頭銜多了，但似乎越來越苦悶。這正是沒有從「色即是空」的禪機中頓悟出來的緣故。

禪家是要我們在種種遭遇中看出意義，並從壞習氣中解脫出來，才能發現新希望。在日常生活中，平淡的起居飲食，若以清淨澄澈之心去看它（觀照），定會發現它的美。在平凡的生活之中，若能保持醒覺的態度，則無處不展現純真微妙的情趣。所以禪家又說：

空即是色。

只有清除心中的成見（空），才能看出或發現（悟）生活的豐足和悅樂，才可能流露創造的智慧，看出新的希望（色）。

禪門的傳承心法，無非是空一切色，成一切色。要人從許多紛擾、成見和刻板思想中解脫出來，這樣才能看出希望來。禪宗第四代祖道信禪師說：

妄情既不起，

真心任遍知。

人唯有透過純淨的心去待人處事，才可能看出光明的希望。因此，修禪必須要像「落花隨流水」一樣，無情的洗去心中的成見，然後智慧才會像「明月上孤岑」一樣，清冷的照遍大地，覺照著孤高的自己。

人，天生需要希望。唯有在生活之中不斷看出希望，才會快樂，有活力。希望是你自己悟出來的，不是抄襲來的。悟的最簡潔法門就是：泯除一切，發現一切。

在紛擾多慾的現代社會裡，感性的文化在慫恿你的意識，激盪的社會動態在干擾你的情感與思想。因此，你要想泯除塵勞的一切色相，看出如來的一切色相，並非容易的事。這本書已為你提供了禪門修心孕慧的基本法則。現在，留下來的就是你自己實踐的事了。禪家說：

言語道斷。

語言文字不是生活的道或希望，真正的希望必須親自去發現、去實現。為了提昇自己的悟力，打坐和參禪是禪家的基本要求。禪固然不在乎坐臥，不在乎能坐多久，但打坐和參禪確實有助於個人覺性的增長。坐禪對你最大的幫助有三：

- **增強神往和感受能力，避免思想和情感僵化，消除工作的彈性疲乏，維持良好的創造性。**
- **打開經驗的限閾，培養開闊的胸襟，透過經驗的開放，自己才有心如虛空、包容萬物的可能。**
- **引發自我實現，在日常生活之中體驗到生活的樂趣和生命的意義，產生豐足感。**

最後，我要提醒一點，現代人宗教的情操不足，信心不夠堅強，容易被色相境界所牽動。因此，學禪必須不忘念佛，透過念佛可以增強信心，克服障礙，培養清醒的覺性。當你綿綿密密的念佛時，禪的妙悅更能流露出來，匯成生活的朝氣和創意，展現生命的希望。